How to Win a Nobel Prize

與諾貝爾獎得主一起
穿越時空的十二堂科學課

橫跨物理、化學、生物，
啟動自主學習，掌握科學閱讀素養力

巴里‧馬歇爾、洛娜‧亨德利 著　　伯納德‧卡雷歐 繪
Barry Marshall　　Lorna Hendry　　　　Bernard Caleo

竹蜻蜓 譯

Contents

|專家導讀|
十二堂不想下課的科學課

臺中市大墩國中生物科教師 | 童師薇

　　對教授自然科學的老師來說，有效的科學教學，應以激發學生對科學的好奇心與主動學習的意願為起點，從既有經驗出發，主動閱讀思考，使學生具備科學核心知識、探究實作與科學論證溝通的能力。而由二〇〇五年諾貝爾生理醫學獎得主巴里‧馬歇爾親自撰寫的這本書，就像邀請到多位諾貝爾獎得主開授「十二堂不想下課的科學課」，讓讀者閱讀理解、實驗推論、統整思考科學知識。

　　故事中的主角瑪麗，是一位對科學具備高度興趣的十歲小女孩，保持著一個簡單的中心追求——如何獲得諾貝爾獎？隨著巴里‧馬歇爾一起穿越時空，拜訪不同時代的諾貝爾獎得主，了解每位科學家不同的生命歷程、研究背景及科學發現背後的祕辛，知曉科學必須涵蓋：觀察、假設、驗證

三要素，並同時確定科學家共同的責任與使命——研究科學的目的不是為了得獎，而是讓世界因科學的發展而更美好。

值得讀者閱讀時特別留意的是，書中科學家不因瑪麗年紀小，耐心且專心的回答她提出的疑問，並給予最真切的建議。像是發明抗生素的亞歷山大·弗萊明，因為一次意外的發現，而導致拯救成千上萬人的藥物憑空出世，他告訴瑪麗「絕對不要忽略任何看起來不尋常的事物，那有可能是帶領妳前往重要發現的線索」；而解開 DNA 結構之謎的法蘭西斯·克里克則強調「我們沒有人可以只靠自己的力量就能做到。以及不要看輕那些看起來與妳不同的人」；一〇二歲高齡仍發表科學論文的細胞夫人——麗塔·李維蒙塔希妮則提醒瑪麗「妳想要擁有自己的發現，妳必須學會無所畏懼，不要害怕為未來做出自己的決定」；而第一位榮獲兩座諾貝爾獎的瑪里·居禮則以母親的身分叮嚀：「想踏上探險之旅永不嫌太年輕，科學教育是從小時候就開始的。」

如果你是喜歡實驗課或者是對動手實作充滿興趣的學生，這本書不只介

紹科學家們的生平貢獻，每章節後的「來點小知識」、「動手試試看」更提供許多延伸知識與有趣的實驗，而其共同點是不需要依靠專業的實驗設備，只要在家中準備些器材，邀請父母陪同，甚至同儕合作，就可以完成與諾貝爾獎得主概念相似、淺入深出的實驗，帶著輕鬆愉快的心，學會深奧的理論與科學的脈絡，培養求真求實的精神，以及科學正向的態度。

聰明的你閱讀完本書後也可以試著想想：

一、如果遇到像瑪麗一樣，想要獲得諾貝爾獎榮耀的夥伴，你會給他們什麼科學上的忠告呢？

二、你還知道哪些歷年的諾貝爾獎得主？試著檢索資訊，運用故事中的情境摹寫，完成一篇馬歇爾與瑪麗的時空探險之旅。

| 專家導讀 |

諾貝爾獎得主的研究世界

國立臺中教育大學科學教育與應用學系特聘教授 | 靳知勤

　　如同搭乘時空穿梭機，主人翁——瑪麗與巴里帶著我們在不同時代、不同領域科學家之間遊歷，非僅親訪，還與他們做了一席交談。從對話中可以知曉，科學家生活中所關切的事物，以及他們時而澎湃、時而沉靜的情感與個性。在好奇中窺探諾貝爾獎得主的初心，從與他們的生活言談中，了解一個大師軀殼裡所懷深邃思考的心，以及無窮寬廣的世界，並非遙不可及。我們也知其如赤子般的有著情緒、喜好及感受；他們也愛與一般大眾談話，更想把自己的發現傳達給自己的同好，也期盼培養後來之人，好使這般科學的思考與習慣永續下去。

　　書中瑪麗與巴里親訪十二位以上的大師，如身歷其境般的走進各種不同的領域。在對話中，科學家也以敘述的方

式，說明自己所從事的探究；比起我們常在教科書中的第三人稱中性立場而言，科學家的現身說法更展現這個專業屬於人類活動一部分的特質。它並非只是象牙塔中的構思，也不是雲端中的想像；而是藉著腦子去想、手中設計、逐步踏實，從抽象到具體的建構歷程。在看這一段科學家實驗室的工作記事時，讀者可以好好體會這樣的氛圍。

　　本書中的每一單元後，附有「動手試試看」專欄，讓讀者讀過每一段科學家的故事後，藉著進一步的實驗歷程，深化對主題的應用與理解。

　　最難能可貴的是瑪麗與巴里在與科學家的對話中，也揭露他們對於科學生涯中的雋語、所當持守的信念與態度！即使讀者未來不見得都會進入科學領域，但本書從跨領域智慧給我們的共同啟示是：堅持、真誠與守恆。

　　諾貝爾獎是學術研究的桂冠，是一般人仰之彌高的殿堂，然而如初生之犢般，張大一雙眼的觀望，如在地仰望雲霓一般，於天邊可彩繪出一道彩虹，為孩子開創出一個通往科學理解的階梯。這本書就是以瑪麗和巴里的眼與心，帶著小讀者，一起拜訪諾貝爾獎得主的研究世界。和他(她)們

聊天、問他(她)們問題，好了解這些人所從事的工作究竟是何等令人著迷！

　　總言之，這本書的內容文字簡潔，語詞流暢，如時空再現，行雲流水於富含生活智慧的情境脈絡中。除了讓讀者認識諾貝爾獎得主的卓越貢獻外，也體驗他(她)們所面對的問題、以何種態度解決、在過程中的峰迴路轉，以及一些可能存在的限制。讀者可多就對話中的語境，感受頂尖科研人員的心靈。一句話：這是一本看得見心血、有內容、富含情感與智慧的科普讀物。值得閱讀體會！

瑪麗

住在澳洲，充滿好奇心的小女孩。熱愛科學，經常拿家中各式各樣的物品進行實驗。她最想知道的是──該怎麼做才能得到諾貝爾獎。

巴里 · 馬歇爾

二〇〇五年諾貝爾生理醫學獎得主，由於瑪麗發現了馬歇爾的祕密，迫於無奈，只好帶著瑪麗到處旅行。

祕密集會

　　瑪麗覺得好無聊。媽媽讓她一起參加這場會議，與一位有名的科學家開會，可是那位科學家一直不出現。所有人只好圍著大桌子坐著，喝咖啡、吃餅乾、滑手機。

　　「真是抱歉，」一位金髮女士說。她名叫約瑟芬，看起來是這場會議的負責人。「馬歇爾教授有時候會忘了時間。」

　　瑪麗輕輕推了推媽媽，問：「她說的那個人就是諾貝爾獎得主嗎？」

　　瑪麗的媽媽點點頭，並皺起眉頭。瑪麗知道這代表自己應該要保持安靜了。

瑪麗從很小的時候，就想要贏得諾貝爾獎。她熱愛在家中進行科學實驗。有一次，她在浴室裡建造了一艘以氣球為動力的船。還有一次，她在玻璃罐中製造出一朵雲。當她偷聽到媽媽說要拜訪一間重要的研究中心，與一位諾貝爾獎得主開會時，她就吵著要跟來，吵了好幾天。但現在什麼事也沒發生，那位科學家甚至不在這兒。

　　「我可以出去走走嗎？」瑪麗小聲的問。

　　媽媽再次點了點頭。

　　瑪麗從最近的門溜了出去，順便抓了塊餅乾。她在長廊上亂晃，有時停下腳步，踮腳從窗戶偷看明亮的實驗室，裡面有穿著白色長袍的人，操作著試管以及上頭有著許多儀表、燈號和數字的屬害儀器。

　　當她走到蜿蜒走廊的最末端，再次感到無聊時，注意到有扇門上貼著一張手寫字條。上面寫著：

請勿打擾！！！

瑪麗知道所有科學家都具有一項特質，那就是好奇心。因此她非常小心的轉開門把，將門推開一個小縫。

　　「艾伯特！你明明知道規則！我們只能夠討論科學。無論我們的個人生活或世界上發生什麼有趣的事，我們都不能討論。」這是個女人的聲音，聽起來很生氣。

　　「但規則是用來打破的！這就是為什麼我們會在這裡。如果我們都很遵守規則，之前所達成的突破就永遠不可能做到。」

　　瑪麗躲在門口，小心翼翼不被看見。跟其他事情比起來，她很愛聽大人爭論。她常因此發現很多非常有趣的事。

　　這個房間不像間實驗室，陰暗且沒有窗戶，看起來不太像是用來舉辦重要會議的地方，反而更像個儲藏室。唯一的光源來自吊在天花板中央的一顆燈泡。裡面大約有二十個人，大部分人的穿著都有點奇怪，他們坐在木箱、牛奶箱或是倒扣的水桶上。牆上倚著一塊老舊白板，對瑪麗來說十分幸運，因為所有人都盯著白板。一位穿著皺巴巴實驗衣的男人正忙著用綠色麥克筆在白板上寫寫畫畫。

　　瑪麗從門口爬進來，躲在一箱抹布後面。

「所以，這就是我們的想法。羅賓和我認為可以用我們所發現的細菌來為世界上所有人接種瘧疾疫苗。」

　　「但癌症還是無解。」一位穿著手術袍、神情疲憊的男人說。

　　「是的，羅夫。我很遺憾。」

　　有一張嚴肅臉孔的女人哼了一聲：「對，還是無解。」

　　「別抱怨了，羅莎琳。真要說的話，依照規則，妳根本不能出現在這裡。」一位有著滿頭凌亂白髮的男人說道，他的頭髮看起來就像被電擊過。「但我要強調一下，我並不是說我在意規則。」

　　瑪麗盯著他。這個人看起來好眼熟。瑪麗的臥室牆上貼著某個人的海報，他看起來就跟那個人一樣，同樣濃密的鬍鬚上，有著同樣微笑的眼睛。但那張海報上的人是艾伯特・愛因斯坦，他已經過世好幾年了。不可能是他。這怎麼可能？

　　瑪麗沿著她躲藏的箱子周圍爬行，試著更靠近一些，才能在昏暗燈光下看得更清楚一點。她的腳碰到靠在牆邊的掃把，掃把倒下來，擊中了她。

「噢！」她大叫，一邊揉揉被掃把敲中的頭。「好痛！」

瑪麗氣惱的站起來，房間裡的二十個人全都驚訝的盯著她。

「請問這裡有一位馬歇爾教授嗎？」瑪麗問：「因為我是來見你的，你卻遲到了。所有人都在會議室裡等你。」

站在白板旁的男人看了看錶，說道：「我就是。我總是一講話就忘了時間。我們得把這個包起來。下次開會的地點在弗萊明那裡。」他從口袋掏出一個小金球並盯著它。「瑪麗，現在請妳提醒我該如何送每個人回他們自己的時間？」

「我是瑪麗，」瑪麗說：「但我不知道你在說什麼。」

馬歇爾教授看著她。「對，妳不行。至少目前還不行……」

一位將圍巾圍到臉上的女人急促的在男人耳邊低語。

「妳說的沒錯，」巴里說：「這太尷尬了。但她已經看到我們了，這件事沒辦法復原。」

「必須請她發誓保密。」一位戴著眼鏡的年邁女人說。

「或是收買她。」一位身材高大、穿著體面、頂著一頭

紳士油頭的長臉男人說。

「你們是誰？」瑪麗問。一陣尷尬的沉默。「你看起來就像是艾伯特・愛因斯坦。」她指著有一頭狂亂白髮的男人說。他對著瑪麗咧嘴一笑。

「沒錯！」

「但……你已經……」瑪麗猶豫的說。

「死了？」他接著說：「是的，在妳的時間裡，我已經死了。這是時空旅行的奇蹟。事實上在妳的時間裡，我們大多數都已經死了。當然不包括我們的主持人巴里。」他比了比馬歇爾教授，馬歇爾教授點了點頭表示認同。「屠呦呦也是。」愛因斯坦指著那位戴著眼鏡的女人說：「她是新成員。加入『諾貝爾獎得主祕密集會』幾年時間而已。那邊三位紳士是第一次參加。我們剛向他們解釋完規則。只能討論科學，而且不能告訴其他人有關他們的未來。規則、規則、規則。真是無聊。」

「艾伯特！別說了！」身穿黑洋裝的女人絕望的看著愛因斯坦。

瑪麗不知如何是好，時空旅行？但她知道科學家必須保

有敞開的心胸……

「所以，妳為什麼想要見我？」馬歇爾教授向瑪麗問道。

「因為我想要問你，怎麼做才能贏得諾貝爾獎？」瑪麗回答。她環顧整個房間，並說：「你們所有人！我想知道你們是怎麼辦到的，還有……」她猶豫了一會兒，不確定腦中突然蹦出的這個想法是非常好還是非常、非常糟。「如果你們不告訴我，我就要告訴所有人這個祕密集會的事！」

馬歇爾教授嘆了口氣。他看了看房間後面戴著圍巾的女人，她幾乎隱沒在陰影之中。她點了點頭。

「好。不過，妳可以先到外面等個幾分鐘嗎？」

瑪麗同意了，她鬆了口氣，同時有點驚訝自己的計畫奏效了。她回到走廊上，緊閉的門後傳來大聲的對話和爭執聲，接著一道明亮的光線洩出，一切安靜了下來，馬歇爾教授打開了門。他身後的房間完全清空了。

「我們抽了籤，」他說：「妳可以拜訪十一個人與他們的時代，並向他們提問。但是妳必須永遠保守我們的祕密。如何？」

與諾貝爾獎得主一起穿越時空的十二堂科學課

「太好了！謝謝你，馬歇爾教授。」

「叫我巴里，」他說：「現在妳準備好要出發了嗎？」

「現在？但你的會議已經遲到了。」

「對，但我有時光機！」他對著手上的小金球，皺起了眉頭，喃喃道：「我想這應該沒問題，讓我們來看看。」

他按下球上的按鈕。整個世界繞著他們旋轉，四周被光包圍。片刻間，瑪麗看見模糊的走廊、桌子，還莫名出現了星星，接著所有東西都不見了。

諾貝爾獎的誕生

阿弗烈‧諾貝爾是一位瑞典的科學家、發明家及商人。他最有名的發明就是具爆炸性的「矽藻土炸藥」。他也發明了葛里炸藥、雷管和火帽。一八六四年，他的工廠爆炸了，他的弟弟和幾個夥伴因此喪生。他的工作非常危險，但為了幫助戰爭告終，他希望能製作出強力炸藥和彈藥。

一八九六年，諾貝爾過世後留下了一大筆遺產。他的遺囑出乎家人意料，因為諾貝爾表示他要將錢用來設立獎項，表彰那些盡力為人類做出貢獻的人。獎項共有五項，分別是物理獎、化學獎、生理醫學獎、文學獎與和平獎。

第一屆諾貝爾獎於一九〇一年頒發。「諾貝爾」這個名字曾經讓人想到炸藥與破壞，今日則讓人聯想到科學、藝術與和平。

一切都是相對的——艾伯特·愛因斯坦

一九二一年物理學獎得主

　　瑪麗和巴里現在站在一間兒童臥房的中間。有個小男孩盤腿坐在地上，專心的盯著指南針。

　　「啊，年代太早了。」巴里邊說邊低頭看時光機。「是我的失誤。」他轉了轉旋鈕，再次按下按鈕，房間猛烈的繞著他們旋轉，突然之間，他們來到了一間小型醫學實驗室。

　　巴里盯著時光機。「噢，一九七三年，太晚了。讓我試出正確的年代吧。」

　　在巴里研究旋鈕的同時，瑪麗環顧了實驗室。在一張木製長桌上，放著一個大玻璃罐，裡面裝滿噁心的黃色液體，

液體裡懸浮著某個看起來疑似是……「這是某個人的大腦嗎？」她問。

巴里抬頭看了一眼，說：「啊，不只是『某個人的』，這是愛因斯坦的大腦。愛因斯坦過世後，負責驗屍的醫生偷了他的大腦。那個醫生想要研究愛因斯坦為何如此聰明。但事實證明，愛因斯坦的大腦幾乎和其他人的一樣。他用大腦所做的事才是非凡的。」

在瑪麗消化這段話時，巴里發出了勝利的吶喊：「找到了！我終於掌握到使用方法了。」他再次按下按鈕，接著他們被傳送到一間很小的辦公室，裡頭有一張堆滿紙張的小桌子。

巴里低聲說道：「這可能也不是最好的時機，我們可能打擾他工作了。現在我們在一九〇五年的瑞士。」

一位有著深色捲髮的大鬍子男人突然從紙堆後面出現，對他們笑得很燦爛。「瑪麗！」他說：「很高興妳又來了。但是妳縮水了！」

巴里皺著眉對他說：「艾伯特，她才十歲。」

「當然！是我弄錯了。我有點混亂。有太多事情在我

心中打轉，這所有的工作……」他胡亂的比了比周圍那堆紙。

「你一定有非常重要的工作吧，愛因斯坦先生。」瑪麗禮貌的說，努力試著忘記自己剛才看到他那顆漂浮在玻璃罐裡的大腦。

「噢，我的工作很簡單。在喝完早晨咖啡之前，我就全部完成了。不過，今年我正在進行一些重要的科學論文。看看這個，」愛因斯坦揮舞著一本有塗鴉的筆記本，「這是我的傑作。不過是初稿，之後還會增加一些內容。這是我的狹義相對論。瑪麗，看看這個。」他把一堆紙掃到地上，重重的將馬克杯放在桌上。「我的咖啡杯在哪裡？在桌子的左邊還是右邊？」

「右邊。」瑪麗回答。

「但對我來說不是！」愛因斯坦從桌子的另一端喊道。「過來這裡看。對我來說，杯子在左邊。妳發現了嗎？一切都與妳所在的位置有關。」

瑪麗看了巴里一眼，說：「是沒錯，但這看起來滿……明顯的。」

「是是是，但讓我們加上運動吧。假設咖啡杯在太空船上並經過妳。如果妳仍然站在原地，就可以測量杯子移動得多快，對吧？簡簡單單！但如果妳正在另一艘太空船上，往另一個方向移動呢？接下來會怎樣？妳所能做的是，找出杯子相對於妳和妳的運動是如何移動的。直到現在，每個人都假定自己在某個固定的位置，而妳可以從這個位置來測量所有的運動。但這是不正確的。所有東西都是相對的！空間！運動！甚至時間！只有光速除外。有趣的是，光速從來不改變。無論妳身處宇宙的哪裡或運動得多快，光的速度就是每秒 299,792,458 公尺。而且沒有任何東西比光速快，它是速度的極限。」

「是的，事實上光速很惱人，」巴里說：「這讓太空旅行十分困難，到任何有趣地點的路途都太遙遠了。」

「沒錯，不幸的是，它是一個常數，」愛因斯坦說：「這也是為什麼我在我最有名的等式 $E=mc^2$ 中，用 c 來表示 [1]。我已經證明能量和質量只是同樣東西的不同形式。能

1 E 代表能量，m 代表質量，c 則代表光速。

量可以變成質量！質量也可以變成能量！」

「基本上這就是原子彈中發生的事。」巴里補充說明。

愛因斯坦的鬍子垂了下來，忽然看起來有點憂傷。「別提醒我這件事。」

「但至少你獲得了諾貝爾獎啊！」瑪麗試著讓他高興起來。

「我不是因為這個理論得獎的，至少官方上不是。我會在一九一二年被提名，接下來的每一年也都被提名，但這個理論太具爭議，而且太難證明了。說實話，我不確定人們是不是真的理解這個理論。最後他們將在一九二一年，因為我對光的研究成果而頒獎給我。」他停了下來，翻了翻桌上那一大疊紙。「事實上，我也是從今年開始進行光的研究，論文在這裡的某個地方。妳可以幫我保密嗎？當他們最後頒發諾貝爾獎給我時，我無論如何都想在得獎演說中談談相對論。」他咯咯笑著說：「這一定會惹怒一些人。現在，小瑪麗，妳對於時間了解多少？」

瑪麗看向巴里。「我現在不知道了。我以前認為時間就是秒、分鐘、小時、天和年，所有時間都會過去並永遠消

逝。但現在不確定了。時間比我想的複雜多了。」

愛因斯坦微笑著說：「沒錯！妳知道當妳移動得愈快、時間就流逝得愈慢嗎？妳剛才說妳幾歲？十歲嗎？」

瑪麗點點頭。

「想像今天妳離開地球，以最快速的方式移動，例如以光速的 99.5% 旅行五年。是妳的五年！這一點很重要。這段時間對妳來說像是五年。但當妳回到地球時，妳會是幾歲呢？」

「這很簡單啊，我到時候會是十五歲。」

「沒錯。但因為妳的運動，妳的時間走得比妳在地球上的朋友的時間慢。對他們來說，已經過了五十年。想像一下，他們全都滿臉皺紋且衰老。甚至比巴里還老。」

瑪麗皺起眉頭說：「但這表示……我走得比一般的時間還快。」

「沒錯！時空旅行到未來並不難。嗯，有一天啦。」

「但回到過去呢？像是巴里和我剛才所做的事。這是怎麼辦到的？」

愛因斯坦給了巴里一個擔憂的表情。「可能需要一個

比我更大的大腦來搞清楚了。但⋯⋯總有一天會有人做到
的。」

　　這時響亮的敲門聲響起，有個人大喊：「艾伯特！那些
專利申請書在哪裡？你昨天就應該要完成的。」

　　愛因斯坦看起來很慌張。他說：「你們最好快點離開。
妳是來徵詢建議的，對不對？我能告訴妳最好的事就是──
妳擁有充裕的時間。有些問題無法在幾週或幾個月內解決，
有的要花上十或二十年。但是，只要妳找到答案，它將會簡

單又美麗。這個宇宙熱愛簡單。小瑪麗，我們會再見面的，相信我。或許是在美國。美國人將會喜愛我。我要變成名人了！」面對驚訝的瑪麗，愛因斯坦突然對她挑了挑眉並吐舌頭。「我的臉會永遠印在 T 恤上。」

愛因斯坦在一九二一年獲得諾貝爾物理學獎，表彰他對理論物理學的貢獻，特別是光電效應定律的發現。他一部分的大腦仍然展示在兩處美國博物館中[2]。

2 愛因斯坦的大腦，被當時的解剖醫生分切多塊送到各處進行研究。

不可分割的空間與時間

愛因斯坦的狹義相對論澈底顛覆了大家思考空間和時間的方式。我們現在理解宇宙有三個空間維度，分別是上下、左右、以及前後，但還有一個時間維度。這叫做時空連續體。我們在描述一個物體的位置時，不只必須考慮空間，也要考慮時間。你的書現在可能在你的書桌上，但明天會在哪裡呢？

在我們的世界，時間似乎是固定不變。你必須以極快的速度旅行，你的時間才有可能變慢。但現在科學家知道，當重力非常巨大，像是在黑洞的邊緣時，時間也會急劇變慢。假如我們建造一種機器，讓你待在黑洞的旁邊，那麼你的時間就會過得非常慢，而在宇宙其他地方的時間則像是加速了。當你離開黑洞附近，實際上你會移動到未來。

光跑得有多快？

　　微波爐利用具有能量的波來加熱食物，這些波是以光速行進。在這個實驗中，將利用巧克力棒來計算光速有多快。

所需材料

- 一塊純巧克力棒

  （扁平的，不要有凹凸、塊狀或突起的方格）

- 微波爐

- 盤子

- 尺（刻度到毫米）

- 計算機

操作步驟

1. 找出微波爐所用的頻率。這個資訊會標示在門的內側、機器後面或使用手冊上。頻率會以百萬赫茲（MHz）或十億赫茲（GHz）來表示，「赫茲」是指波在一秒內行進的週期次數。

2. 用下列算式將微波爐的頻率轉換成赫茲。

頻率（十億赫茲）＿＿＿＿ × 1,000,000,000 = ＿＿＿＿ 赫茲

頻率（百萬赫茲）＿＿＿＿ × 1,000,000 = ＿＿＿＿ 赫茲

3. 假如微波爐裡有會旋轉的底盤，把底盤拿出來，將普通的餐盤顛倒放進去。

4. 將巧克力棒放在盤子上，加熱直到巧克力棒有兩、三處開始融化。耗時約需 20 秒。

5. 拿出盤子，測量巧克力棒融化的地方相隔多遠。融化點相隔的距離就是微波波長的一半。

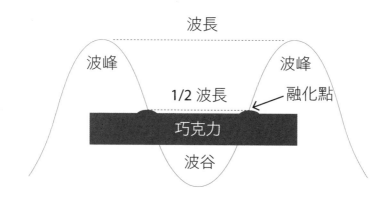

6. 用下列算式計算波長，單位是毫米（mm）。

巧克力融化兩點之間的距離（mm）＿＿＿ × 2 = ＿＿＿ mm

7. 用下列算式將波長的單位換算成公尺（m）。

波長（mm）____ ÷ 1000 = ____ m

8. 用下列算式計算光每秒走了幾公尺。

光速 = _____ × _____

頻率（赫茲）　　波長（公尺）

= 每秒_____ 公尺

預期結果

光速大約每秒 300,000,000（3×10^8）公尺。跟你的答案有多相近呢？

諾貝爾家族──瑪里·居禮

一九〇三年物理學獎、一九一一年化學獎得主

瑪麗和巴里回到研究中心的走廊。

「如何？妳覺得還好嗎？」巴里問道。

「嗯，我覺得還好，」瑪麗說：「只是頭有點暈。」

「也是，這不意外。現在讓我來確認一下名單。」巴里從口袋拉出一張紙，劃掉「艾伯特·愛因斯坦」。

「接下來要拜訪第一位獲得諾貝爾獎的女性。她也是第一位獲得兩次諾貝爾獎的人，同時是唯一得到兩個不同科學獎項的獲獎人。厲害吧。」巴里的聲音逐漸消散，眼神放空，臉上露出淡淡的微笑。

「我們現在要去哪裡?」瑪麗大聲的問,讓巴里回了神。「要去什麼年代?」她繼續問:「記得愛因斯坦說的嗎?你必須設定正確的空間和時間。」

「巴黎,一九二五年。」

他轉動旋鈕,按下按鈕。一瞬間,四周變得模糊,接著他們似乎降落在一間又大又亮的房間正中央。房間裡有許多木製實驗桌,桌上放滿了插著細管的大玻璃罐、本生燈、老式天秤、量杯和機器,這些機器的旋鈕和控制桿多到瑪麗根本猜不出它們的用途。牆邊擺放著有玻璃門的書櫃,櫃子裡全是書和報告,只有一個櫃子除外,裡面只放了兩個貼著手寫標籤的小瓶子。瑪麗仔細看著罐子上的字——「釙、鐳」。第二個瓶子似乎散發出淡淡的藍色光暈,瑪麗想靠近一點,以便看得更清楚。

「別靠近!離它遠一點!」巴里一邊說,一邊用力過猛的拉住她的手臂。

瑪麗快要生氣時,有個頂著略微狂野毛躁灰髮、穿著破舊深藍色洋裝的女人走進門。「快一點,伊蓮娜,」她看向身後,命令道:「我們有工作要做。」一個髮色稍深但與她

長得很像的年輕女人，跟在她後頭走進實驗室。

巴里清了清喉嚨，年長的女人嚴肅的瞪了他一眼。「馬歇爾教授，有什麼事嗎？這次是要做什麼？我非常忙碌。雖然我已經有兩座諾貝爾獎了，但並不表示我不繼續做研究了。」

「我很抱歉，瑪里。我帶瑪麗來見妳，就像我們之前約好的。瑪麗，這是瑪里·居禮以及她的女兒⋯⋯」

「伊蓮娜，」較年輕的女人一邊說，一邊向瑪麗伸出手來握手，「我的名字是伊蓮娜。」她仔細觀察瑪麗。「媽

媽，她非常年輕呢。」

「踏上探險之旅的年紀永遠不嫌太年輕。」瑪里說：
「伊蓮娜，妳要知道，妳的科學教育是從小時候就開始的。
如果沒有發生那不幸的戰爭，妳在幾年前就已經拿到博士學
位了。雖然妳在前線幫了我很多忙，幫助那些可憐的年輕士
兵照料他們可怕的傷口。」

「恭喜妳拿到博士學位，伊蓮娜，」巴里說：「妳的釙研究做得很好。」

　　伊蓮娜紅著臉說：「謝謝，我很享受這個研究。而且我正將我的技術傳授給媽媽的助理，他叫做佛雷德里克。不出幾年，我們也將贏得一座諾貝爾──」

　　「釙事實上是我的發現，瑪麗，」瑪里打斷了伊蓮娜，繼續說道：「我的丈夫皮耶幫助了我，他建造了一臺很好用的儀器，能夠測量空氣中的電活動，但那個點子！那個研究的點子是我的！」

　　「妳與爸爸分享了這個獎，媽媽。」伊蓮娜說。

　　「是的、是的，是第一個獎，不是第二個獎。」

　　「什麼是釙？」瑪麗問道。

　　「那是一種放射性元素，親愛的。」瑪里說，第一次用親切的表情看著她。「是會從核心釋放出能量的物質。來自原子本身！想像一下！其他科學家都著迷於第一架 X 光機，觀察它所照出的人體骨骼照片。X 光當然很有用，例如我就建造了移動式 X 光機，能在戰場上用來診斷傷兵，但 X 光有它的極限。其他人也知道輻射，但他們都認為輻射是

較弱的力。他們錯了。皮耶和我花了好幾年的時間，從我們測量的能量中分離出其最終來源。我們必須處理大量的鈾，才終於找到它。結果發現，這些元素非常強大，在我們處理的礦物中僅有極少量。事實上，倘若它們不具有放射性，我們也不會發現它們的存在。我們日以繼夜在皮耶學校旁的廢棄倉庫工作，歷經數個寒冬。最後我們終於成功了。第一個發現的元素就是釙（polonium），是以我鍾愛的家鄉『波

與諾貝爾獎得主一起穿越時空的十二堂科學課

蘭』命名。第二個叫做鐳（radium），取自能量射線的英文『ray』。瑪麗，妳知道在這個過程中，哪個部分最令人興奮嗎？我們發現輻射可以在人體內施展魔法。它甚至能殺死癌細胞！」

「可是放射線不是很危險嗎？」瑪麗問道，擔心的看著玻璃櫃中原本讓她很感興趣的發光小瓶。

瑪里不以為然的揮揮手。「或許吧。但我們總有一天終歸一死。」

「可憐的爸爸，」伊蓮娜說：「我相信他滑倒在馬車之下時，一定正想著工作。他太累了。你們兩個總是太累了，媽媽妳現在還是如此。」

瑪麗發現，瑪里果真看起來有點蒼白又纖瘦。其實伊蓮娜也是。瑪麗慢慢的遠離玻璃櫃。

「好的，那麼，我們不能占用妳太多時間。」巴里說道，看起來很想離開。「妳有沒有什麼建議要給瑪麗呢？」

「妳必須愛妳所做，親愛的。我們的工作要花很多時間，以及一心一意的奉獻。妳知道的，我是第一個獲得諾貝爾獎的女性，這件事並不容易。但我非常深愛我的丈夫，我

們也都深愛著我們的工作。」她拉著洋裝，說：「這是我的結婚禮服，也是我的實驗袍。妳的動力不能來自名利或財富。我的孩子吃了很多苦。我總是非常忙。許多年前，原本可以停止這辛苦的工作，從我的科學發現獲得財富，但我還是選擇繼續研究。現在，我的放射線治療為整個人類社會帶來了福祉。」

「太棒了！」巴里說：「走吧，瑪麗，我們現在該離開了。沒有時間可以浪費了。」他緊張的瞥了一眼玻璃櫃和櫃中的玻璃瓶。

「急什麼？」瑪麗問：「只要有那個機器，我們想要有多少時間就有多少時間。」

「不，我們現在必須走了。」巴里回答，匆忙的摸索時光機的旋鈕。

伊蓮娜抓住瑪麗的手臂，在她耳邊輕聲說道：「小心點，瑪麗。有時候我們的研究帶來了美好的事物，像是認同和獎項，如果妳像我和媽媽一樣幸運，甚至還能得到愛。但是我們的研究正巧位在已知與未知的邊緣，未知的事物很可能非常危險。」

世界開始傾斜，這兩個女人變得更瘦、更蒼白，最後一起消失不見。

皮耶‧居禮與瑪里‧居禮在一九〇三年獲得諾貝爾物理學獎，表彰他們共同研究輻射現象所達成的非凡成就。瑪里在一九一一年獲得諾貝爾化學獎。瑪里和伊蓮娜皆因長期暴露於輻射下所造成的疾病而過世。

諾貝爾獎雙料得主

　　瑪里‧居禮是第一個贏得兩座諾貝爾獎的人，但她並不是最後一個。約翰‧巴定曾分別在一九五六年與一九七二年獲得諾貝爾物理學獎，他的研究貢獻讓世界有了電器設備，例如收音機、電視、電腦和手機等等。佛雷德里克‧桑格於一九五八與一九八〇年獲得諾貝爾化學獎，他描述了胰島素的確切結構，胰島素是治療糖尿病時會使用的激素。桑格後來對於 DNA 的研究，讓我們對組成人類的基因的認識，邁進了很重要的一步。萊納斯‧鮑林在一九五四年因為化學鍵結的研究而獲得諾貝爾化學獎，在一九六二年則因反對核能武器測試而獲得諾貝爾和平獎。

　　在這些人之中，居禮家族總共獲得了五座諾貝爾獎。伊蓮娜和她的丈夫佛雷德里克‧約里奧-居禮在一九三五年共享了諾貝爾化學獎。瑪里‧居禮的小女兒艾芙曾被開玩笑說她是家族中唯一沒有得獎的人，不過艾芙的丈夫擔任聯合國兒童基金會主任期間，兒童基金會在一九六五年獲得了諾貝爾和平獎。

輻射對植物的影響

　　瑪里‧居禮因輻射研究獲得諾貝爾獎。光、熱、微波都是輻射的不同形式。在這個實驗中，將了解微波爐的輻射是如何影響種子發芽與生長。

所需材料

- 12 顆種子（選擇能快速成長的植物，例如櫛瓜、蘿蔔、向日葵、萵苣、萬壽菊、細香蔥或羅勒）
- 培養土
- 紙蛋盒
- 廚房紙巾
- 微波爐
- 麥克筆

操作步驟

1. 用培養土填滿紙蛋盒的 12 格凹槽。
2. 其中 6 格畫上十字記號。

3. 在沒做記號的 6 格中種植種子，一格種一顆種子。

4. 將另外 6 顆種子放在廚房紙巾上，微波 5 秒。

5. 把這 6 顆微波過的種子種在有十字記號的 6 格凹槽中。

6. 為種子澆水（只要澆一點點）。

7. 將蛋盒放在溫暖且陽光充足的地方，每天澆一點水，保持土壤溼潤。

8. 每天為蛋盒拍照。確定你的照片可以看到十字記號。

預期結果

種子成長的速度有沒有任何不同呢？微波過的種子長得比其他種子快還是慢？每顆種子都有發芽嗎？

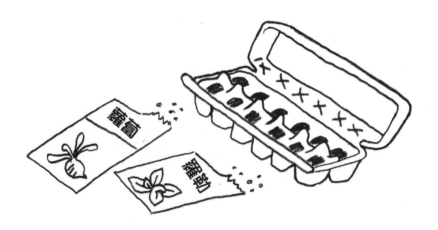

奇蹟年代——古烈爾莫·馬可尼

一九〇九年物理學獎得主

　　瑪麗和巴里現在站在擁擠的城市街道上。雖然天已經黑了，時間看起來也不早了，還是有好幾千人聚集在一棟大型砂岩建築的外面。瑪麗將目光從臺階上的人群和柱子，掃視到頂端有個時鐘的高塔，覺得這棟建築看起來十分眼熟。

　　「這裡是雪梨嗎？」她問。

　　「不應該是啊。」巴里回答，撥了撥時光機的旋鈕。「噢，我知道哪裡出錯了。訊息傳遞失敗，就這樣。」

　　在雪梨市政廳的臺階上，有一位男子站在一片黑暗中演講。瑪麗聽到一些像是「無線電展示」、「義大利」等字眼

的同時，男人身後的建築突然亮了。他看起來嚇了一跳，站在瑪麗旁邊的女士倒抽了一口氣。「噢！我的天啊！看到了嗎？這就像變魔術一樣！」

人們雀躍的歡呼鼓掌。

「發生了什麼事？為什麼每個人都在鼓掌？」瑪麗問。

「是無線電，小可愛。」那位女士說：「那些燈是由世界另一端的某個人打開的。」巴里按下按鈕，世界再次傾斜。

「抱歉，」巴里說：「我設定了正確的日期，一九三〇年三月二十六日，卻到了錯的地點。」

「我想我們可能還是錯的，」瑪麗一邊說，一邊靠在白色金屬欄杆上，俯視著水面。「我們在一艘船上。老實說，我實在不喜歡船。」

「這是遊艇，親愛的。」一位非常高大、看起來很嚴厲的男人說道。他正爬上樓梯往巴里和瑪麗所在的木頭甲板走。他身穿一襲俐落的黑色西裝，胸前的口袋露出一小角白色手帕，腳上穿著閃閃發亮的黑皮鞋，頭戴有硬挺黑頂的白色鴨舌帽。「遊艇的名字是艾列特拉號。我是船長。」他一邊伸出手，一邊說道：「我是古烈爾莫·馬可尼。這位是我太太，瑪麗亞。」他向身後緩慢爬上樓梯的女人伸出手。

瑪麗不可置信的看著這個女人，她的脖子上圍著一隻死掉的狐狸。

巴里輕輕推了推瑪麗，說：「別這樣盯著人家，一九三〇年的服裝跟我們不太一樣。」他與馬可尼握手。「我們在來這裡的路上，其實先在雪梨停了一站。無線電訊號運作得真好啊。」

　　「是啊，這是個偉大的成就。」馬可尼說：「從義大利熱那亞港的艾列特拉發射的電脈衝，在七分之一秒內穿越兩萬兩千公里，點亮了兩千八百盞燈。不過我必須向發起人道歉。因為我有點太興奮，結果提早了幾分鐘打開開關。」

　　「這就是你得到諾貝爾獎的原因嗎？」瑪麗問：「點亮那些燈？」

　　「不是的，他們在二十年前就頒獎給我了。」馬可尼說：「我年輕的時候，無線電訊號是我的早期研究。每個人都跟我說不可能。因為地球表面是彎曲的，他們認為訊號會直線前進，最後消失在空中。大家認為無線電訊號可傳輸的最遠距離是三百公里。但他們錯了。無線電波會沿著地表前進。一九〇一年，我從英國發送了無線電報，行經三千兩百公里，跨越大西洋，將訊息傳送到了加拿大。」

　　「你傳送了什麼訊息？」瑪麗問。

馬可尼看起來有點不悅。「訊息的內容不是重點。」

「但到底是什麼呢？」

「Ｓ。」

「Ｓ？」

「那是摩斯密碼：點、點、點。但那不重要。重點是，這代表了我們可以在地球的兩個地點之間傳送訊息。這對你們澳洲人來說尤其重要。海洋將世界阻隔於這座島嶼之外，城鎮之間一片荒蕪。事實上，這也是為什麼我選擇雪梨作為我的示範地。這提醒了我，我必須在這幾天寫出我要對雪梨人發表的演講。到下面來看看我的辦公室吧！」馬可尼說。

他領著他們下樓，經過一小段的走廊，來到一間幾乎堆滿機器的房間。這些機器的構造包含搖桿、金屬把手、旋鈕、有顫動指針的圓形大儀表板，還有閃亮銀色的箱子，黃銅管從箱子外殼向外延伸，下面還有奇怪的短胖螺紋管。所有東西都閃閃發光，看起來就像是每一天都有人來把整間房間擦得發亮。

「我靠研究賺來的錢，讓我可以把艾列特拉號變成一間

水上實驗室。在這裡，可以獨立作業，躲避眾人好奇的目光和干擾。我可以不分晝夜的工作，航行各地進行實驗，這是在陸地上很難做到的。我們也住在艾列特拉號，對吧，親愛的？」他轉頭問。瑪麗亞雖閉著雙眼，但仍點了點頭。瑪麗

覺得她看起來有點蒼白、病懨懨的。

「我一直熱衷於航行。事實上，在我開始進行研究時，我最關心的是航海安全。我第一次理解到，無線電傳輸可以讓船隻彼此收發訊息。然後，可怕的那一天到來，一九一二年四月十四日。妳知道嗎，當時鐵達尼號提供了停泊位給我，但我決定早幾天開船去美國。當我接到鐵達尼號撞到冰山的消息時，人正在紐約。總共有一千五百零三人喪生，但幸好有七百一十二人生還，感謝船上無線電設備的遇險呼救，那是我公司的設備。」他拿起一個金匾牌，繼續說：「這是倖存者送給我的，是我最寶貴的資產。但現在，這些都是過去式了。現今的研究是關於未來的。我們活在一個奇蹟的年代。瑪麗，如果可以的話，想像一個沒有電線的世界吧！訊號穿越空中，不被山或海阻斷，從地球的任何角落、往任何方向傳送。甚至傳向太空！」

「當然。就像收音機和電視，還有手機和衛星，以及登陸火星的探測車拍照之後傳回地球。」

「瑪麗！不要忘記規則。不可以說太多關於未來的事。」巴里輕聲說。

馬可尼有點搖晃，並抓住最近的長凳來穩住自己。「嗯，我曾聽過一些來自祕密集會其他成員的傳言，確實是奇蹟。」

　　「馬可尼先生，請問你有任何建議要給瑪麗嗎？」巴里問。

　　「妳必須找到能夠理解妳想實現的目標的人。我是個驕傲的義大利人，但當我寫信給羅馬，解釋無線電報機的點子時，他們在我的信件蓋上『給精神病院』，而且從此杳無音訊。所以我到了英國。海關人員看到我箱子裡的儀器時，就發了電報給英國海軍部。我註冊的第一個專利、創立的第一間公司，以及絕大部分重要的工作，都是在英國進行的。」

　　瑪麗亞打斷他：「我身體很不舒服，古烈爾莫。我需要休息了。」

　　當她轉身離去時，瑪麗瞥見她的黑色長大衣下，有個大大的隆起。「恭喜你！」瑪麗說。

　　馬可尼微笑道：「如果是個女孩，我們會取名為艾列特拉。」

「跟你的船一樣？」瑪麗問。

「當然。她是我此生的摯愛。」

　　馬可尼於一九〇九年獲得諾貝爾物理學獎，表彰他對無線電報發展的貢獻。一九三七年馬可尼去世時，無線電臺靜默了兩分鐘，以紀念他的一生與研究貢獻。

豐厚的報酬

　　馬可尼出生於富裕家庭，但他的發明
讓他更加富有。一八九七年他取得了
第一臺無線電發射器的專利。專利
是一種法律文件，讓某人享有發明
的排他權。這個意思是，只有馬可
尼可以製作和販售他的發射器。諾
貝爾自己就擁有許多爆炸物的發明專
利，包括矽藻土炸藥、安全雷管和火藥。他
建立諾貝爾獎的基金就是來自於這些專利。

　　有些諾貝爾獎得主決定不為他們的研究申請專利。例如
威廉‧倫琴發現了 X 光，但他說：「這些發明和發現是屬於
整個世界。」亞歷山大‧弗萊明沒有為青黴素申請專利，因
為他想要確保青黴素能大量提供給全世界，愈多人愈好。羅
莎林‧雅洛也是基於同樣原因，沒有為她檢測血液找尋疾病
的方法申請專利。

使用摩斯密碼傳訊息

　　一百多年前，馬可尼用無線電訊號傳遞了摩斯密碼到三千兩百公里外的地方。摩斯密碼是利用「點」和「劃」的不同組合來表示不同的字母、數字和符號。每個字的點劃組合端視這些字母在英文中多常被使用。最常被使用的字母「E」是用一個點表示。

　　你可以用摩斯密碼傳遞訊息。

預期結果

　　使用摩斯密碼的方法很多。你和朋友可以用火把在夜晚傳遞訊息給彼此，或是安靜的用眨眼傳遞訊息，例如快速眨一下代表點，慢慢眨一下代表劃。（曾經有兩個學生利用這個方法在考試時作弊。）試著用 ·－·· ＿＿＿ ·－·· 代替 LOL（意思是大聲的笑），傳訊息給你的朋友。你甚至可以用摩斯密碼將你的名字做成項鍊。

　　現在有很多應用程式能幫助你學習、練習、傳送和接收摩斯密碼訊息。

操作步驟

字符	摩斯密碼	字符	摩斯密碼	字符	摩斯密碼
A	·—	N	—·	1	·————
B	—···	O	———	2	··———
C	—·—·	P	·——·	3	···——
D	—··	Q	——·—	4	····—
E	·	R	·—·	5	·····
F	··—·	S	···	6	—····
G	——·	T	—	7	——···
H	····	U	··—	8	———··
I	··	V	···—	9	————·
J	·———	W	·——	0	—————
K	—·—	X	—··—	句號	·—·—·—
L	·—··	Y	—·——	問號	··——··
M	——	Z	——··	逗號	——··——

對照上面的表格，找出如何用摩斯密碼表示國際求救訊號 SOS。

字符　　　　　　S　　O　　S

摩斯密碼　　____ ____ ____

對照表格，找出以下代表的單字。

摩斯密碼　　· ·　－ ·　－　·　· －　－ ·　·　－

字符　　　 ＿＿ ＿＿ ＿＿ ＿＿ ＿＿ ＿＿ ＿＿ ＿＿

用摩斯密碼寫下你自己的訊息，傳給一位朋友。

字符　　　 ＿＿ ＿＿ ＿＿ ＿＿ ＿＿ ＿＿ ＿＿ ＿＿

摩斯密碼　 ＿＿ ＿＿ ＿＿ ＿＿ ＿＿ ＿＿ ＿＿ ＿＿

字符　　　 ＿＿ ＿＿ ＿＿ ＿＿ ＿＿ ＿＿ ＿＿ ＿＿

摩斯密碼　 ＿＿ ＿＿ ＿＿ ＿＿ ＿＿ ＿＿ ＿＿ ＿＿

字符　　　 ＿＿ ＿＿ ＿＿ ＿＿ ＿＿ ＿＿ ＿＿ ＿＿

摩斯密碼　 ＿＿ ＿＿ ＿＿ ＿＿ ＿＿ ＿＿ ＿＿ ＿＿

字符　　　 ＿＿ ＿＿ ＿＿ ＿＿ ＿＿ ＿＿ ＿＿ ＿＿

摩斯密碼　 ＿＿ ＿＿ ＿＿ ＿＿ ＿＿ ＿＿ ＿＿ ＿＿

字符　　　 ＿＿ ＿＿ ＿＿ ＿＿ ＿＿ ＿＿ ＿＿ ＿＿

摩斯密碼　 ＿＿ ＿＿ ＿＿ ＿＿ ＿＿ ＿＿ ＿＿ ＿＿

上網搜尋摩斯密碼機的聲音，聽聽看像什麼。

你可以用電線和一顆電池製作出一臺摩斯密碼發射器。那是我建造的第一個電動小工具。上網搜尋「如何建造簡易電報機組（how to build a simple telegraph set）」。我特別喜歡用錫罐、釘子、木頭、絕緣線和兩顆三號電池（AA）的作法。我第一次的嘗試失敗了，因為當時我沒有用絕緣線。你知道為什麼電線必須絕緣（包有塑膠外層）嗎？

巴里·馬歇爾

生命的祕密——
法蘭西斯・克里克、詹姆斯・華生、莫里斯・威爾金斯
一九六二年生理醫學獎得主

「我們現在在哪裡？」瑪麗問道。他們站在一座方庭廣場，四面是有拱形窗戶的高大石造建築。

巴里看了看周圍，說：「這裡是英國的倫敦國王學院。現在是一九五三年，我們來拜訪發現 DNA 長相和功能的科學家。妳知道 DNA 是什麼嗎？」

瑪麗想了一會兒，說：「它是某個與基因遺傳有關的東西。就像是為什麼我有一雙跟我爸很像的藍眼睛。」

「答對了。基因其實就是 DNA 上的小片段，而 DNA

存在於妳身體裡的每一個細胞中。DNA 太小了，所以之前沒有人知道它的長相，直到這些人出現。走吧，我們去實驗室。他們在等我們。」

瑪麗跟著巴里穿越方庭。巴里堆開沉重的木製大門，門後是一間凌亂的工作室，裡面站著四個人。

巴里向她介紹眼前這兩位又高又瘦的男人。「瑪麗，這兩位是法蘭西斯・克里克和詹姆斯・華生，他們在大學時期相遇，並成為朋友，當時是在——」

「劍橋大學。」兩人之中看起來較年長且髮量較少的男人打斷了巴里，他是法蘭西斯。「不是在這個學校，我們是為了見你們，才臨時來到倫敦的。」

「法蘭西斯和詹姆斯花了很長的時間才解開了 DNA 的結構之謎。」巴里說。

「我們試著用這些東西建立模型。」詹姆斯指著散落在木製工作檯上一大堆像垃圾的東西說道。他是美國人。瑪麗歪了歪頭，試著理解其中的意思。

「這些東西其實不是很有幫助，」法蘭西斯承認，「但這一個很有希望。」他領著瑪麗來到一個巨大但不太穩固的

模型前面，這個模型比巴里還高，由許多六角形金屬片和細
黃銅棒串在一起，看起來有點像螺旋階梯。瑪麗歪著頭，想
說從側面能不能更容易看出什麼端倪。但並沒有。

「這位是莫里斯‧威爾金斯。」巴里繼續介紹第三個
人。瑪麗覺得這三個人看起來就像三兄弟一樣，她很好奇該

不會他們的 DNA 全都一樣吧。「莫里斯是物理學家也是生物學家，他拍下了 DNA 的第一張 X 光照片。」

「幾年前，我在義大利遇到詹姆斯，」莫里斯說：「我給他看我拍的照片，然後我們三個人從那時候就開始投入 DNA 結構的研究。噢，這位是我的助理羅莎琳·富蘭克林。」莫里斯輕蔑的比了比站在他身後那位看起來非常嚴肅的女人。

「我不是。」羅莎琳說。

「不是什麼？」莫里斯問。

「我不是你的助理。」羅莎琳回道：「我早就在劍橋大學取得物理化學博士學位，而且已經發表五篇論文了。我也正試著弄清楚 DNA 的結構。我也用 X 光拍了照片，而且我的照片比莫里斯的還要好。它是 X 光晶體繞射圖。」

「但……妳是個女──」莫里斯被羅莎琳狠狠瞪了一眼，只好住嘴。

「我是個什麼？這個領域的專家？先驅？」她說。

「這恰恰是我想說的呢！」巴里感受到空氣中的火藥味，於是插話：「所以，這四位科學家快要解出 DNA 結構了。DNA 看起來有點像旋轉階梯，長長的兩股互相纏繞著，叫做『雙股螺旋』。」

「了解……」瑪麗說，心想這聽起來其實沒有很令人興奮。

「這是一個很重要的發現！」法蘭西斯說：「它所代表的意義是，我們知曉妳身上的所有細胞如何複製和生長，雖然是不同部位的細胞，但它們仍擁有一模一樣的 DNA。把

DNA 想像成一條拉鍊吧！每一節拉鍊的鍊齒必須在正確的位置，才能正確的拉上，對吧？」

「嗯，我想是這樣沒錯。」瑪麗邊說邊低頭看看自己外套上的拉鍊。

「雙股螺旋形狀的運作方式跟拉鍊有點像。現在試想一下拉鍊的鍊齒是由四種有些微差異的形狀組成。拉鍊兩側的每一對鍊齒必須完美的配對，才能夠運作。當細胞分裂時，雙股 DNA 會打開，接著兩條單股必須生成另一條配對的單股，才能再次正確的合起來。這就是雙股螺旋 DNA 打開並生成兩個一模一樣的雙股 DNA 的方法。很聰明吧！」法蘭西斯對著瑪麗微笑，「這是個非常美麗的結構，」他接著說：「我並不喜歡吹牛，但基本上我們發現了生命的奧祕。」

「你們是怎麼發現的呢？」瑪麗問。

「噢，是莫里斯給我們看了他的 X 光照片。」詹姆斯說。

羅莎琳用力的清了清喉嚨。

「嗯，是的。然後他也給我們看了一些羅莎琳的 X 光照片。超棒的照片，尤其是那張『照片 51 號』。它如實呈

現出 DNA 的形狀。那就是我們解開 DNA 結構之謎的最後一塊拼圖。我們真的非常幸運。」法蘭西斯快速的補充。

「你們沒有人問過我是不是可以看我拍的照片。」羅莎琳抱怨，看起來很生氣。

「我對此感到很抱歉，羅莎琳。」詹姆斯看起來不太自在。

「所以你們四個人會一起共享諾貝爾獎！真棒！」瑪麗說。

這三個男人不安的移動腳步。「並非如此。」莫里斯嘀咕。

「沒有我。」羅莎琳說：「我們不知道 X 光其實對人體並不好。而我花了大半人生與之為伍，那對我的健康是種傷害。事實上……」她頓了頓，「接下來的這件事是我不應該知道的，但愛因斯坦是個大嘴巴，他說我將在幾年後離開人世。九年後，這三位男士將會獲得諾貝爾獎，但我已經死了。」

瑪麗覺得羅莎琳看起來相當生氣。這個反應非常合理，她心想。

「不幸的是，諾貝爾獎只會頒給活著的人，」巴里匆匆說道：「不過二〇一一年的羅夫・史坦曼是個例外，他是在獎項公布前幾天才過世的，而委員會並不知道……」當他察覺羅莎琳正用奇怪的表情盯著他時，他的聲音愈來愈小。

「我試過了。」詹姆斯用焦躁的表情看著羅莎琳說：「我確實請求過主辦單位也頒獎給妳。而且我也在我的書裡

表達了對妳的感謝。」

羅莎琳抿了抿嘴脣，不能算是個微笑。

「是的，在結語。就在書的最後。謝謝。」

片刻之間陷入了令人不安的沉默。

「好！」巴里用愉快的語氣說，試圖扭轉氣氛。「有什麼建議想給瑪麗的嗎？」

「不要死掉。」羅莎琳低聲說。

「合作。」法蘭西斯說：「這項成就是這房間裡的每一個人一起完成的。我們沒有人可以只靠自己的力量就能做到。以及不要看輕那些看起來與妳不同的人。妳永遠不會知道這些人會不會握有解開謎團的最後一把鑰匙。」

羅莎琳・富蘭克林在一九五八年死於卵巢癌。她當時三十七歲。法蘭西斯・克里克、詹姆斯・華生與莫里斯・威爾金斯於一九六二年獲得諾貝爾生理醫學獎，表彰他們發現核酸分子結構，以及核酸在生物體內傳遞訊息的重要性。

無名英雄

與其他科學家合作，卻只有自己與諾貝爾獎失之交臂的人，並不只有羅莎琳‧富蘭克林。

喬瑟琳‧貝爾是天文物理學的研究生，她發現了來自某些星體的奇怪訊號。這些星體是旋轉的中子星，後來被命名為「脈衝星」。一九七四年，貝爾的指導教授安東尼‧赫維許因為脈衝星的研究獲得了諾貝爾物理學獎。

尼古拉‧特斯拉是一位發明家、電機工程師、機械工程師、物理學家和未來學家。他有許多重要的發現，而他的研究是電力網路的基礎，電力網路會將電力配送到我們的家和企業。有個謠言指稱一九一五年的物理學獎原本要同時頒發給尼古拉‧特斯拉和湯瑪士‧愛迪生，但由於他們之間激烈的電流大戰，兩人都拒絕分享獎項。最後誰也沒獲獎。

道格拉斯‧普萊雪是研發綠色螢光蛋白研究團隊的一員。他們在一九九二年完成研究，但當團隊在二〇〇八年獲得諾貝爾化學獎時，普萊雪已經放棄科學研究，改行當公車司機了[1]。

---

1 普萊雪因為無法順利取得研究經費，只好放棄研究，離開學術圈。直到二〇〇八年，研究團隊在諾貝爾獎頒獎典禮提及普萊雪的貢獻，才幫助他重返科學界繼續研究工作。

萃取草莓 DNA

DNA 非常小，如果不透過厲害的顯微鏡，通常看不見。不過，草莓的每一顆細胞所擁有的 DNA 是八倍體，而非單倍體[2]，意思是你可以一次蒐集到很多 DNA。不需要顯微鏡，DNA 就多到能看見。

所需材料

- 一顆草莓
- 30 毫升的洗碗精
- 一茶匙的鹽
- 藥用滴管
- 冰的變性酒精（或外用酒精、乙醇）
- 夾鏈塑膠袋
- 塑膠杯
- 紗布

---

2 單倍體指的是一顆細胞內只有一套 DNA。人類的體細胞中，一顆細胞有兩套 DNA，稱為雙倍體。栽培食用的草莓中，每顆細胞有八套 DNA，所以稱為八倍體。

- 橡皮筋
- 試管（或標本罐）
- 竹籤

操作步驟

1. 清洗草莓，除去葉子。

2. 將洗碗精和鹽加入 500 毫升的水中混合。這是 DNA 萃取液。

3. 將草莓放入夾鏈袋中，加入兩湯匙的 DNA 萃取液。封好袋子，確定袋子裡面沒有任何氣泡。

4. 輕柔的壓碎袋中的草莓。

5. 把紗布包在塑膠杯口，用橡皮筋套住並固定。

6. 輕柔的將草莓溶液透過紗布倒入杯中。

7. 用滴管把草莓溶液從杯子吸到試管中。

8. 加入一整根滴管的冰酒精到試管中。小心不要傾斜或翻倒試管，也不要讓兩種液體混合在一起。

9. 仔細觀察草莓溶液與酒精的交界處，你會看到一團絲線般的白色雲狀物。

10. 保持試管不動，將竹籤深入白色雲狀物中輕輕旋轉。

預期結果

　　你所看見的那些纏繞在竹籤上的長絲線，就是草莓的 DNA 分子。洗碗精讓草莓的細胞破裂，釋放出裡面的 DNA。DNA 聚在一起，變得可見。DNA 不溶於酒精，因此使得 DNA 聚在一起，用肉眼也可以看見。

神奇之藥——亞歷山大·弗萊明

一九四五年生理醫學獎得主

「好冷喔！」瑪麗一邊抱怨，一邊拉緊外套。他們所在的房間沒有暖氣，敞開的窗戶吹來的冷風更是一點幫助也沒有。

「這不算冷的了，」巴里說：「現在是夏末。雖然這裡是英國，但這大概已經是最溫暖的了。我幫妳關上窗戶吧。」

「而且這裡好亂，」她說：「難道這些有名的科學家從來不整理的嗎？」

巴里看了她一眼。「妳有點暴躁耶，還好嗎？」

　　「我很好。」才說完，瑪麗就用力的打了個噴嚏，身旁桌子上的灰塵飛揚，在陽光下轉了一圈，又緩緩落在四散於長木桌上的扁平圓形玻璃皿上。「我們要拜訪的科學家在哪裡？」

　　「他去度假幾週，應該快回來了。」

　　門突然打開，一位高大的男人衝了進來。這個男人有著

長長的臉和突出的耳朵。

「巴里！很高興再次看到你。噢，瑪麗，妳看起來不太舒服。坐下、坐下。」他從椅子上抽走一疊文件，讓瑪麗坐在上面，接著伸手在他的實驗衣口袋裡翻找。「要不要來顆糖果？我想我這裡有一些薄荷糖。」

「你的口音聽起來不像英國人。」她語帶批判。

「誰跟妳說我是英國人？」男人問道：「我是蘇格蘭人。事實上，我即將成為有史以來最有名的蘇格蘭人了。除此之外，我也是位醫生，而我覺得妳生病了。」

「我很好。」瑪麗有點不高興的重複道：「但你的實驗室需要打掃。」

男人大笑出聲，巴里也跟著咯咯笑。瑪麗瞪了他們一眼。

「抱歉，瑪麗，」巴里說：「但這位是爵士——」

「我還不是『爵士』，話可別說得太早！」

「抱歉。這位是亞歷山大·弗萊明。他即將得到的發現將永遠改變醫學，而這個發現正是從這一團混亂而來。」

「我想我應該丟掉它們。」弗萊明邊說邊整理那堆玻璃

 與諾貝爾獎得主一起穿越時空的十二堂科學課

皿。「等等，這個好有趣。巴里，快過來看看。我知道你有多喜歡親近細菌。」

巴里皺了皺眉，說：「我不知道你在說什麼。別理他，瑪麗。」

弗萊明和巴里擠在一起觀察其中一個培養皿。瑪麗拖著腳步靠過去看看他們到底在瞎忙什麼。

「好噁喔！」她說：「整個都發霉了。你沒有蓋上蓋子嗎？」

「那並不全都是黴菌，」弗萊明說：「這些培養皿中所有的小白點都是細菌。我是故意培養它們的。但我想這一個一定是被汙染了。事實上妳說的沒錯。這些毛茸茸的綠色物質是某種黴菌沒錯。想必我沒蓋上蓋子，於是它在我放假的時候飄落到培養皿裡了。不過我不知道它是從哪裡來的。這不太像是窗戶沒關的緣故。」

巴里站在弗萊明身後對著瑪麗微笑，朝她比了一個讚。

「關於這個細菌，妳觀察到了什麼？」弗萊明繼續問。

瑪麗更靠近的觀察。「在黴菌周圍沒有任何白點。」

「沒錯。我認為黴菌把它們殺光了。或至少讓它們停止

生長。妳明白這是什麼意思嗎？」弗萊明的聲音開始變得興奮。「這表示我剛才偶然發現了殺死細菌的方法。」

「這是好事嗎？」瑪麗問。

「豈止是好，簡直太棒了！我還在法國戰地醫院當戰地醫生時，就開始尋找對抗細菌的方法了。」

「噢，你在那裡有見到瑪里・居禮和她的女兒嗎？她們在做 X 光拍攝。」

「沒有，我不認為會遇到她們。那裡是個忙亂之地。我治療的許多軍人並沒有因受傷而死亡，至少不是立刻死掉。但他們久久不癒的傷口受到感染，這使他們緩慢邁向死亡，最後因為感染而痛苦的死去。我們試著對他們施用防腐劑，但那似乎讓他們更糟而不是好轉。我永遠不會忘記那些滿是膿液的景象，以及腐壞組織的臭味。」

瑪麗有點站不穩，於是坐回椅子上。「我想我可能真的有點感冒。但還是恭喜你。」

「這是大自然所造成的，我只是發現它，在這之後還有很多研究要做。從黴菌中分離出有效成分將是個大考驗。那個有效成分是青黴素，也就是後來大家最常使用的抗生素之一。不過，想要有足夠的青黴素來幫助病人康復，需要非常非常多黴菌才行。」

巴里插嘴道：「不過這個問題要過一陣子才會解決。不超過十年，科學家霍華・佛羅里，順帶一提，他是澳洲人，以及恩斯特・錢恩就投入了這個研究。他們一開始進行研

究，就進展得飛快。到了一九四四年，就能大量生產青黴素。他們將能製造出足夠的量，來治療第二次世界大戰時的傷兵。」

「另一場戰爭？」弗萊明輕聲說：「天啊。」

「唉呀！」巴里說：「我不是故意說出來的。不過瑪麗，這就是現代醫學誕生的時刻。青黴素拯救了全世界數百萬個生命。」

弗萊明臉紅了。「對一個意外的發現來說還不錯吧。毫無疑問的，我並沒有打算改革醫學。但我猜我的所作所為確實造成了這個結果。」

巴里看了一下手錶，說：「亞歷山大，我們該走了。你有任何建議要給瑪麗嗎？」

「去看醫生吧，小姑娘。我覺得妳快得到討厭的感冒了。」

「我猜我會需要你的抗生素。」瑪麗說。

「不！絕不。除非不得已，不然絕對不要使用它們。而且絕對不要只服用一點點，或在細菌全部被殺死之前停藥。細菌是很狡猾的生物，它們能適應各種東西。在未來，如果

妳不小心一點，那些細菌最終將會對抗生素產生抵抗力，然後妳的世界會變得像過去一直以來的一樣。我衷心希望可以避免邪惡，以及所有的膿和腐壞組織。」

瑪麗感覺頭在飄，差點從椅子上滑下來。

「其實我的意思是，對於贏得諾貝爾獎，你有什麼建議？」巴里說。

「啊！這個嘛，絕對不要忽略任何看起來不尋常的事物。那可能是虛驚一場，但也有可能是帶領妳前往重要發現的線索。」

一九四五年的諾貝爾生理醫學獎，頒給了亞歷山大·弗萊明爵士、恩斯特·錢恩和霍華·佛羅里，表彰他們對於青黴素以及它對各種傳染病療效的發現。

意外發現造就的諾貝爾獎

因為幸運的意外發現贏得諾貝爾獎的人，弗萊明並不是唯一一人。一九六五年，天文學家阿諾・彭齊亞斯和羅伯・威爾遜正在整修一臺巨型天線。他們對於持續出現的背景雜訊感到很煩心，認為是天線上的鴿子大便所造成的。在經過多次清理後，最終才意識到他們偵測到的是宇宙大爆炸後殘存的輻射，也就是「宇宙微波背景輻射」。這個研究結果讓他們在一九七八年獲得了諾貝爾物理學獎。

一九〇一年，有史以來第一個諾貝爾物理學獎頒給了倫琴。他也是意外發現了 X 光。當他正在研究真空管裡的電子束時，他注意到附近的螢光紙屏發光，因此發現了一種看不見的射線，能夠穿越紙板和人類肌肉。他曾用 X 光照射他太太的手，來測試他的發現。（他太太看見自己的骨頭可嚇呆了！）

食物怎麼腐壞？

弗萊明只是因為沒幫培養皿蓋上蓋子，培養皿中長出了黴菌，促成了他的發現。這個實驗要呈現的是，在不同情況下，黴菌如何在食物上生長。

所需材料

- 八個有蓋玻璃罐
- 鉗子或拋棄式手套
- 來自四家不同速食餐廳的四個漢堡
- 來自四家不同速食餐廳的四包薯片或薯條
- 奇異筆
- 相機

操作步驟

1. 用熱肥皂水清洗玻璃罐，沖洗乾淨。

2. 將玻璃罐放入一鍋沸水中，煮幾分鐘，作為消毒。這個動作會除去所有黴菌孢子。在這個步驟之後，只能用鉗子或

拋棄式手套來接觸罐子。

3. 買漢堡和薯條或薯片。將它們放涼後，分別放入玻璃罐中封好，並在罐子上標示速食餐廳的名字。

4. 每天同一時間幫每個罐子拍一張照。

預期結果

　　有些速食餐廳會在漢堡中加入天然化學物質，以延長保鮮時間。黴菌需要三個要素才會生長，分別是：黴菌孢子、水氣與食物。

　　如果薯片經過熱油烹調，孢子應該已經被殺死了。

　　因為玻璃罐是密封的，所以罐中漢堡和薯條只會有原本就帶有的水氣。它們在實驗開始時是乾燥的嗎？

　　黴菌喜愛吃糖。食物中含有多少糖呢？鹽巴會抑制黴菌生長。食物有多鹹呢？

　　你認為幾天後，長出最多黴菌的會是哪一罐？黴菌最少的又會是哪一罐？你的照片呈現出什麼結果？

　　所有食物都發霉了嗎？你可能會發現漢堡上面長了許多不同顏色的黴菌，可能有黃色、白色、綠色、紅色或黑色。

在青黴素之後，科學家還發現了許多其他的抗生素，是由黴菌和細菌所生成。原理是什麼呢？因為土壤和環境中的細菌會彼此競爭，爭奪所需的營養和成長的空間。它們花了超過百萬年的時間，發展出特殊的化學物質（抗生素）來毒害其他細菌和生物，或消化植物的物質來幫助自己存活下去。因此我們不只是找到生成青黴素的黴菌，從不同的細菌中找到許多新的抗生素，並不令人驚訝。

巴里・馬歇爾

古籍有新藥——屠呦呦

二〇一五年生理醫學獎得主

　　瑪麗撐住自己，她覺得頭有點暈。不確定是不是因為弗萊明說了有關膿和腐爛組織的事，或是時空旅行持續的旋轉和轉圈，總之她開始感覺一切都不太舒服。她看了看周圍。她和巴里站在一座水泥庭院中間，面前是一棟很寬闊的白色建築，建築上方有巨大的紅色中文字。

　　「這裡是哪裡？」她問。

　　「這裡是中國中醫科學院中藥研究所，位於北京。」巴里說：「但我們最好不要在這裡閒晃太久。現在是一九七二年，這個年代沒什麼西方人在這裡，我們會看起

來非常突兀。」

　　巴里倉促的帶著瑪麗走過長長的走廊，在門牌上寫著
「523 項目」的門前停了下來。

　　「就是這裡。」他邊說邊推開門，實驗室一覽無遺，裡
頭的儀器就跟瑪麗之前所看到的實驗室差不多：各種形狀、
大小的燒杯和細頸瓶以及玻璃管夾在一起，堆滿長長的實驗
桌，還有本生燈、裝了神祕物質的瓶瓶罐罐、寫滿潦草字跡
的紙張，中央的桌上還放了一堆看起來像乾草的東西。一位

黑色短髮、戴著嚴肅眼鏡的女人正仔細的整理那些植物。

巴里清了清喉嚨，說：「不好意思，屠女士，我們想跟妳聊聊妳的研究。」

這位女人鞠了躬，並看著他們微笑。「歡迎，馬歇爾教授。謝謝你們來這趟。我有很多東西想給你和你的年輕朋友看。」

　　「瑪麗，這位是屠呦呦。她正在為中國政府進行極機密計畫。政府要求她搜尋中草藥古籍，從中找到治療瘧疾的方法。」

　　「什麼是瘧疾？」瑪麗問。

　　「那是個很糟的疾病，」屠呦呦說：「會透過蚊子傳染，讓人非常虛弱，伴隨發燒、嘔吐和嚴重的頭痛。每一年

都有很多人因此死亡，特別是年輕人、老人和窮人。不過，我們已經找到一些可能有幫助的東西了。」屠呦呦抓了一把乾葉說：「這是『青蒿』。西方人叫它甜艾草。來，聞聞看。」她將草拿到瑪麗面前。

瑪麗聞了聞這些葉子。「聞起來有點像薄荷，但……有點霉味。」

屠呦呦微笑著說：「中國人一直以來都用它來治療熱帶雨季期間來來去去的發燒症狀，發燒引發了很多疾病。我們相信發燒是瘧疾造成的，所以試著找出這種草藥中含有什麼成分，使它如此有效。我們有可能成功了，不過花了很長的時間。一開始我們將這些葉子拿去熬煮，就跟大部分煮中藥的做法一樣，但藥物並不如我們所想的那樣運作。所以我們回頭去找《肘後備急方》的內容，那是本一千六百多年前的古籍。我們很快就發現了錯誤。書中的配方只寫了將一把葉子泡在水中，喝浸泡後的汁液。因為滾水的高溫會破壞藥劑。我們的新製劑運作得很好，沒有任何小鼠或猴子受到傷害。但是，快沒時間了，所以上一週我們決定是時候進行人體試驗了。」屠呦呦停頓了一下，瞥了巴里一眼，就像在請

求巴里同意讓她繼續講下去。

「妳說的『人體』，是指……」巴里鼓勵她繼續說。

屠呦呦低下頭，說：「是指我自己。」

瑪麗很驚訝。「妳對妳自己做實驗？他們允許妳這樣做嗎？聽起來有點危險。」

「這並不陌生，」屠呦呦回答，又再看了巴里一眼。「很多科學家這麼做。有時候，這是說服別人相信妳的理論的唯一方法。而且，身為研究團隊的領導人，這是我的責任。」她對瑪麗微笑。「瑪麗小姐，感傷的是那個茶喝起來並不像薄荷。數百年來，使用它來治療發燒的人們稱它為『苦蒿』，我現在知道為什麼了。不過我並沒有出現不良反應，所以上司允許我們更廣泛的測試它的萃取物，我們稱之為『青蒿素』。」

「屠女士，妳知道妳拯救了多少人的性命嗎？」巴里問。

屠呦呦搖搖頭。「馬歇爾先生，我知道你的神奇裝置可以讓我知曉未來，但我對那些沒有興趣。我只希望能完成我的任務。」

「超過兩億人得到了妳的藥。意思是，如果沒有妳的研究，就有幾百萬人會死亡。」

「是我們的研究，」屠呦呦說：「我只是523項目中，眾多研究者的其中之一。」

「但妳是發現青蒿素的那個人，不是嗎？」瑪麗問。

屠呦呦看起來有點不自在。「瑪麗小姐，在我們的文化裡，並不渴求個人的獎賞。我們為整個社會工作，得到掌聲並不重要。」

「直到二〇〇五年，人們才知道屠女士是完成這個研究發現的重要人物。」巴里說：「她將她的孩子留在家鄉，自己前往中國深受瘧疾所苦的地區，這樣才可以親自觀察。她讀了數千個傳統中藥配方，測試了數百種萃取物，才找到青蒿素。」

「這是很重要的工作。」屠呦呦悄聲說：「我很樂意犧牲我的個人生活。我看見很多很多孩子死亡。」

「中國科學家試著將他們的發現告訴世界其他地方，但沒有人想聽。」巴里接著說：「他們花了超過二十年的時間，才終於讓西方科學界注意到，並開始製造足夠的青蒿素

來治療全世界的瘧疾病患。直到那個時候，才有人想到要問這個不可思議的突破是誰做到的。他們必須回頭檢視所有科學家的實驗紀錄簿、閱讀私人信件，甚至祕密會議的紀錄，才發現那個人是屠女士。」

屠呦呦再次低下頭。「我透過做研究，來感謝國家讓我接受教育。我並不想成名。」

「那妳想要什麼呢，屠女士？」瑪麗問。

「瑪麗小姐，我知道妳是為了建議而來。」屠呦呦專注的看著她說：「仔細聽好，為全人類的健康而戰，是科學家的責任。獲獎僅僅是錦上添花。聽到許許多多的病人因治療而康復，更讓我感到有所回報。」她深深低下頭。「謝謝你們兩位來訪。但現在我有重要的工作要進行了。」

屠呦呦於二〇一五年獲得諾貝爾生理醫學獎，表彰她發現了治療瘧疾的新療法。

所有人的勝利

諾貝爾在遺囑上寫道：「我的願望是，不管獎項候選人是不是斯堪地那維亞人 [1]，在頒發這些獎項時，不考慮候選人的國籍，而是考慮他最值得獲獎之處。」在一八九五年的當時，女性科學家的數量極少，儘管諾貝爾能想像到那些不是斯堪地那維亞的科學家存在，但他或許沒料到「他」也可以是「她」。

一百多年後，屠呦呦成為了諾貝爾獎科學類得主中，僅僅十八位女性獲獎人之一。這是很大的成就，尤其她還是第一位獲得生理醫學獎的中國科學家，也是第一位獲得諾貝爾獎的中國女性。

從一八九五年到現在，世界變了很多。女性和來自不同文化的人，他們的天賦和成就如今得以被認可和表揚。這對每個人來說都是好消息，不然去問問那些從屠呦呦的瘧疾研究中受益的人們就知道了。

---

1 指居住在斯堪地那維亞半島上的人，也就是挪威和瑞典人。因為諾貝爾是瑞典人，所以才會這麼說。

製作天然驅蟲藥

屠呦呦對天然藥品與日常植物進行實驗，以此完成了她的研究發現。你也可以用植物的成分來製作自己的驅蟲藥。

所需材料

- 噴瓶
- 5 毫升（一茶匙）桉樹或香茅精油
- 一湯匙伏特加（或外用酒精）
- 150 毫升天然金縷梅
- 一茶匙植物甘油（非必要）
- 150 毫升的水（或醋）

操作步驟

1. 將油裝入噴瓶。
2. 加入伏特加搖一搖。
3. 加入金縷梅再搖一搖。

4. 如果有甘油的話也加進去。甘油會幫助這些液體彼此互
   溶。

5. 加入水再搖均勻。

6. 由於油和水會分開，因此每次使用前都要搖一搖。

預期結果

　　桉樹、香茅、金縷梅是一般市售驅蚊劑中時常使用的
天然驅蚊配方，具有驅蟲效果，噴灑在身上可以避免蚊子叮
咬。不過不管是市售商品，或是自製驅蟲劑，也不能保證能
夠百分之百躲過蚊蟲攻擊，所以若是到了蚊蟲較多的地方，
還是要注意防蚊，不要讓蚊子有機可乘。

我們都是星星組成的——
蘇布拉馬尼安・錢卓斯卡
一九八三年物理學獎得主

「噢，真是太好了，又是船。」瑪麗說。他們在一艘大型郵輪的甲板上。現在天色很暗，但她很確定這次他們在距離陸地很遠的地方。這對她翻攪的胃真是一點幫助也沒有。

「這艘船比馬可尼的遊艇大多了。」巴里說：「不過年代一樣都是一九三○年。他在哪裡呢？」巴里四處張望，發現一位靠著欄杆的年輕男人，正抬頭凝視著星星。「蘇布拉馬尼安・錢卓斯卡？」

那個男人看了過來，「巴里！是我沒錯。抱歉，我有點

心不在焉。」他走向他們並伸出手。「哈囉，瑪麗。請叫我錢卓。」

瑪麗與他握手，並仔細觀察他。與巴里目前向她介紹的諾貝爾獎得主們相比，他比所有人都還年輕許多，雖然他看起來跟其他人一樣嚴肅，但他的眼中閃爍著光芒，還頂著一頭叛逆捲曲的濃密黑髮。

「這艘船要去哪裡？」她問：「我們快到了嗎？」

「不，我們正從印度航向英國。我正在前往劍橋大學讀書的路上。這是一趟很長的旅程。」

「錢卓獲得了獎學金，」巴里說：「他非常傑出。他才十九歲，基本上是個天才兒童。」他深深嘆了口氣。

錢卓笑了。「巴里，跟星星相比，我們都很年輕。」

他們一起抬頭望向天空。瑪麗倒抽了一口氣，她從來沒看過那麼多星星。星星散布天空，彷彿閃閃發亮的無垠天頂。她發現自己看見的星星比宇宙以往呈現的更多，覺得自己渺小且微不足道，感到有點暈眩。「很美吧？」錢卓說：「妳知道嗎？地球上的所有原子，甚至包含組成我們三個人的原子，都是從像它們一樣的星星內部生成的。星星有非常

多能量，核心的密度很高，會將氫原子擠壓在一起，直到氫原子融合形成氦。接著氦原子融合形成鈹原子，像這樣照著元素週期表的順序融合下去，直到鐵原子在星星的核心深處形成。然後，星星會在生命的最後一秒爆炸。這個爆炸非常巨大，比數百萬顆原子彈爆炸還要大，我們稱之為超新星爆炸。然後剩下的其他元素會在這最後一秒內形成。鐵變成了金、鉛、銅、銀，而爆炸使這些原子全散落在宇宙中。星星

的死亡讓宇宙和生命本身有了成長的可能。」

「然後接下來，星星就會⋯⋯消失嗎？」瑪麗問。

「噢，不會的。如果星星夠小，就會剩下一顆很小、密度很高的星星。想像我們的太陽不斷壓縮，直到能塞進一個城市裡。不過，如果星星非常大，它本身的重力會將周圍所有東西拉進去，直到它完全被壓縮成一個點，小到沒有體積為止。沒有東西逃得掉。甚至光，或許時間也逃不過，但我不確定，這妳可能得請教愛因斯坦。」

「太陽也會發生這樣的情況嗎？」瑪麗緊張的問。

「不會。我在這趟旅途中為了打發時間，針對這個做了一些計算。結果是，我們的太陽不夠大到像那樣爆炸或塌陷。它只會變成一個很熱的小星星，叫做白矮星。不過至少還要五十億年的時間，所以不需要擔心。」

巴里小聲的在瑪麗耳邊說：「他計算出的是轉變成白矮星的星星所需的最大尺寸，那個極限值叫做『錢卓斯卡極限』。而且他剛剛基本上預測了黑洞的存在。」接著他大聲說道：「這真是偉大的發現，錢卓。」

「我並不真的認為這是個發現。它看起來似乎一直以一

種奇怪的方式存在著，而我只是碰巧遇見。」錢卓說：「你知道的，我的叔叔也是在船上完成他最有名的發現。他的名字叫做錢卓斯卡·文卡塔·拉曼。一九二一年，在航向歐洲的旅途中，他很好奇冰河的冰和地中海的海水為什麼是藍色的。他發現當光穿過透明物質時，波長會改變，這叫做『拉曼效應』。委員會今年頒了諾貝爾物理學獎給他。」

錢卓的神情一瞬間變得有點黯淡。「我的叔叔只需要等待九年，而我卻必須等待超過五十年，才能得到我的諾貝爾獎。沒有人要相信我，甚至連愛因斯坦本人都不相信。在數學算式中，明明一切都非常清晰，但就連我最好的朋友也說這絕對不可能。他認為必定存在某種未知、特別的自然法則，阻止星星完全塌陷直到喪失體積。他說我提出的想法很荒謬。歐洲其他的科學家認同我的計算，但沒有人公開支持我的理論。最後我甚至必須離開歐洲，前往美國。沒有一所英國的學校願意雇用我為講師。我太具爭議性了，也或許只是太與眾不同。」

「但你仍然忙碌的繼續進行研究啊。」巴里試著讓他開心點。

　　「這是當然的。」錢卓再次微笑。「我有一個計畫。我
要每十年投入一個重要的研究主題。竭盡所能的探索這個主
題的所有事物，為這個主題的理解做出貢獻並全部寫下來。
接著我就要換下一個主題。這樣會讓工作一直很有趣。不要
停在一處太久，瑪麗，這就是訣竅。」

「如果你是天才的話就行啦。」巴里咕噥了一聲。

不知道錢卓是沒聽到還是故意忽略巴里的話。「也別忘了藝術！音樂！還有文學！我從美妙的雕刻作品得到的感動，和我完成美麗的數學關係式的感動是一樣的。藝術會讓妳對學生的講課更加有趣，也會幫助妳把科學研究做得更好。科學和美是彼此相連的。從大自然的美麗事物裡，尋找最讓妳好奇的科學吧。」

「像是星星。」瑪麗一邊說，一邊再次抬頭看向夜空。

「沒錯，」錢卓輕輕的說：「像是星星。」

蘇布拉馬尼安・錢卓斯卡於一九八三年獲得諾貝爾物理學獎，表彰他的物理進程理論研究對恆星結構和演化深具重要意義。現在，美國國家航空暨太空總署的「錢卓 X 光觀測衛星」持續繞著地球運行，用來發現新的黑洞。

漫長的等待

錢卓斯卡終於獲頒諾貝爾獎時，已是七十三歲高齡，而獲獎的研究是他年僅十九歲時的發現。科學家完成值得獲獎的發現，與得獎之間的間隔時間平均是二十年，但一年比一年還要延遲。

有些人擔心這樣延遲下去會使科學家錯失獎項，因為有些人沒有那麼長壽，就像羅莎琳·富蘭克林一樣。現在，獲得諾貝爾獎的科學家平均年齡是六十八歲。

然而諾貝爾委員會相信，在頒獎之前，等待實驗證明那些發現或理論，是很重要的。錢卓斯卡的研究是立基於數學之上，就如同許多其他的理論物理學家。這個理論必須經過很長時間，才有可能透過實驗或觀察被驗證。

紙捲數星星

　　蘇布拉馬尼安・錢卓斯卡在大海中航行的船上抬頭看向夜空，因此受到啟發，對星星展開觀察。這個實驗將幫助你理解在不同地方所看到的星星數量有什麼差異。

所需材料

- 捲筒衛生紙捲
- 計算機

操作步驟

1. 選一個沒有雲的夜晚。到戶外，把你能看到的所有光源記錄下來（例如路燈、商店、汽車頭燈）。

2. 透過衛生紙捲觀察天空。數一數你透過紙捲看到了多少顆星星。重複做四次，每次觀察天空的不同地方。

3. 利用下列表格記錄你的觀察結果，算出你看到的星星平均數量。

　　位置 1：＿＿＿＿＿＿＿＿＿＿＿＿＿＿＿

光源：＿＿＿＿＿＿＿＿＿＿＿＿＿＿＿＿

透過紙捲看見的星星數量

觀察 1：＿＿＿＿＿＿

觀察 2：＿＿＿＿＿＿

觀察 3：＿＿＿＿＿＿

觀察 4：＿＿＿＿＿＿

星星平均數量 = ＿＿＿＿＿＿

（將四次觀察到的星星數量相加，再除以 4）

4. 到更暗的地方（例如大型公園或離城市較遠的地方）。重
   複步驟 1 和 2。

   位置 2：＿＿＿＿＿＿＿＿＿＿＿＿＿＿＿＿

   光源：＿＿＿＿＿＿＿＿＿＿＿＿＿＿＿＿

   透過紙捲看見的星星數量

   觀察 1：＿＿＿＿＿＿

   觀察 2：＿＿＿＿＿＿

   觀察 3：＿＿＿＿＿＿

   觀察 4：＿＿＿＿＿＿

   星星平均數量 = ＿＿＿＿＿＿

   （將四次觀察到的星星數量相加，再除以 4）

預期結果

　　這兩個地方的天空中，星星的數量其實是一樣多的。但為什麼你會在其中一處看到比另一處更多的星星呢？

　　白天時，太陽很明亮，比天空中所有星星都還亮。明亮的燈光也使天空更亮。因此距離城市或城鎮更遠，就能看到更多星星。

　　一九九四年，美國洛杉磯市因為一場地震停電。忽然間，人們看到比平常多了數千顆的星星。有些人很驚訝，還打電話給當地的天文臺說天空中出現了更多星星。

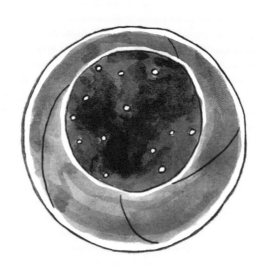

一生的志業——葛楚德‧艾利恩

一九八八年生理醫學獎得主

「唉呦！」巴里對著時光機皺眉道：「弄錯時間了。」

「別再弄錯了啦。」瑪麗抱怨。現在兩人在墓園裡，旁邊正在舉辦一場喪禮。但至少他們回到踏實的地面了，她心想。

「這個時空旅行真詭異。」巴里一邊說，一邊狂戳旋鈕。「你明明告訴這臺笨機器想去哪裡，有時候卻會受到某人生命中重要時刻的拉力干擾。」

「這是某位諾貝爾獎得主的喪禮嗎？」瑪麗問。

「不是，他們往往對自己的喪禮沒什麼強烈情感。大

概是因為他們不會真的參加自己的喪禮吧。總之，現在是一九三三年，她才十五歲。她還會活很長很長的時間。」

瑪麗偷偷看向正要離開喪禮的人們。有個頂著厚厚深色波浪鮑伯頭的女孩仍站在墳墓的旁邊。

「走吧，楚迪。」穿著黑色長大衣的男人說道，他身上的大衣看起來已經非常舊了。「現在必須離開了。」他摟住她，一起離開墓地。他們經過瑪麗時，瑪麗好奇的觀察這個女孩。她正在哭，充滿淚水的臉龐卻非常堅定。

「父親，沒有人應該像爺爺這樣備受折磨。」

「沒錯，楚迪。癌症真的很可怕。但世界上還沒有治療癌症的方法。」

「我會找到方法的。」楚迪邊說邊用黑色羊毛衣的袖子擦了擦鼻子。她身上的羊毛衣看起來太單薄了，難以抵擋吹落秋葉的冷風。「而且我想從現在就開始。」

她的父親一臉震驚。「妳知道我們沒辦法供妳唸大學的。」

「紐約有一所女子學院，提供學費全免的補助給最優秀的學生。我要去那裡。」

「噓！瑪麗！我修好了。」巴里一邊說，一邊在樹後面對著瑪麗招手。「走吧，我們要去一九九八年。」

當喪禮從一片草叢和墓碑中消失時，瑪麗在腦中計算了一下。「那時她就八十歲了。我們能不能去更早一……」

但他們已經站在一座大禮堂的後面了。禮堂裡滿是穿著黑長袍、披著彩色綬帶、戴著像紙板的帽子的人。瑪麗

內心覺得每個人看起來都很蠢，彷彿都被打扮成了巫師。

巴里輕輕推了推她。「她在那裡。」

一位年邁的女人緩慢的走過舞臺。大家大聲的鼓掌和歡呼。女人接下用鮮紅色緞帶綁著的紙捲，接著轉向大家，舉高紙捲，並開心的揮舞。

瑪麗有點困惑。「這是她的諾貝爾獎嗎？」

「不是，」巴里回答：「她十年前就拿獎了。這是哈佛大學授予她的榮譽科學博士學位。跟博士學位有點像，但更厲害。」

「沒有博士學位，也能贏得諾貝爾獎嗎？」

「可以啊，我就是。」巴里說：「在我獲得諾貝爾獎的五年後，牛津大學才給了我榮譽科學博士學位。但她的這個榮譽博士比我的更特別，因為葛楚德・艾利恩一直沒能完成她的大學學業。」

「為什麼？」

「讓她來告訴妳吧。」巴里一邊說，一邊帶著瑪麗來到禮堂前面，穿過舞臺旁的小門。

女人輕柔緩慢的坐在扶手椅上。「哈囉，巴里。希望你

不會介意我坐著。在輪到我之前，我已經站太久了。」她脫下帽子，纖細明亮的橘髮瞬間散開，露出了高高的額頭。

「你確定是她嗎？」瑪麗悄聲對巴里說：「她看起來像個小丑。」巴里用力戳了戳她的背。

「是我沒錯。」艾利恩說：「我們都有變老的一天。不過，指的是我們之中比較幸運的人就是了。而且，我的耳朵一點問題都沒有。」她對瑪麗微笑，瑪麗漲紅了臉，感覺臉像燒起來一樣。

「瑪麗想知道為什麼這一天對妳來說那麼特別。」巴里說。

「噢，我並不是很在意這些獎。」艾利恩說：「雖然這個榮耀給了我非常大的滿足感。我花了很多年，晚上讀博士，白天在實驗室當研究助理。但我的老闆說，我必須在夜校和工作中選一個。我選了工作。這是非常難取得的工作，所以我不會拋棄它。在取得化學碩士學位時，我是班上唯一的女性，之後我申請了十五個獎學金。瑪麗，妳猜我最後得到了幾個？」

瑪麗想了想，說：「五個？」

「更少。」

「三個？」

「零個。一個都沒有。沒有人認真看待我。他們不明白為什麼我想成為化學家，而當時根本沒有女人從事這行。在那之前，實驗室從來沒有女人。他們認為我會是『會使人分散注意力的影響』。最後我去了祕書學院。」楚迪哼了一聲。「我只待了六個星期。想辦法在食品實驗室找到工作，測試醃黃瓜和美乃滋，後來終於成為喬治‧希欽斯的研究助理。我們一直一起工作，直到他生命的盡頭。」

「喬治和楚迪一起獲得了諾貝爾獎。」巴里說。

「得獎的原因是什麼？」瑪麗問。

「噢，這有點複雜。」艾利恩說：「基本上，我們嘗試合成某種藥物，它只會攻擊人體中生病的細胞，並留下健康的細胞。把細胞全部殺死是過去癌症療法的問題，有時候會造成更多傷害。」楚迪看起來很難過，瑪麗想知道她是不是想起了她的祖父。

「我們所合成的藥物，現在被用來治療很多疾病，例如白血病、瘧疾、疱疹，甚至愛滋病。這些藥也能幫助那些需

要器官移植的人。妳的身體會將來自另一人的器官視為危險的入侵者，尤其是這個人跟妳沒有血緣關係。身體會盡其所能的排斥拒絕，這對腎功能或肝功能衰竭，或是需要捐贈者提供新的心臟才能存活的人來說是個壞消息。我們的藥能阻止身體排斥新器官。」

艾利恩在手提包裡摸索了一下，抽出一個皺皺的信封。「把獎項和榮耀都忘了吧，瑪麗。這張紙是我有始以來收過最棒的東西，我在幾週前收到的。這封信來自一位女士，她在十六年前進行了腎臟移植，並使用了我們的藥。她在報紙上看到了喬治的訃聞，於是寫信給我。她說：『我的人生因為你們的發現而充滿喜悅』。」

　　瑪麗以為艾利恩快哭了，但相反的，她的臉上出現了強悍、堅決的神情，看起來就跟她十五歲時的神情一模一樣。

　　「人們問我是不是一生都以諾貝爾獎為目標。那太瘋狂了，如果沒得獎呢？妳的一生就全白費了。我們所追求的是讓人們過得健康，這樣的滿足感遠遠大於得到任何一個獎。」

　　她緊緊盯著瑪麗。

　　「不要浪費妳的人生去追逐那些獎，小姑娘。做妳想做的工作，然後它會變得不太像個工作。而且不要害怕它是不是很困難，因為有價值的事物全都得來不易。」

一九八八年，詹姆士・布萊克爵士、葛楚德・艾利恩、喬治・希欽斯共同獲得了諾貝爾生理醫學獎，表彰他們發現藥物治療的重要原理。

大器晚成的諾貝爾獎得主

就像葛楚德‧艾利恩、古烈爾莫‧馬可尼和屠呦呦一樣，並不是所有諾貝爾獎得主都擁有博士這類正規的高等學歷。二〇〇〇年獲得物理學獎的傑克‧基爾比雖然只有碩士學歷，但他設法發明了電腦微晶片、手持計算機和熱感列印機。二〇〇二年獲得化學獎的田中耕一在大學時有好幾次考試不及格，好不容易才取得學士學位。一九八七年獲得化學獎的查爾斯‧佩德森過去因為不想仰賴爸爸的資助，決定放棄攻讀博士去工作。

還有許多在學校表現很差的人，例如二〇一二年獲得生理醫學獎的約翰‧格登在學校時的生物學報告曾得到不及格的分數，評語還說他想成為科學家的雄心很荒謬。他的老師曾寫下：「無論是他自己，還是那些必須指導他的人，這純然是在浪費時間」。格登將這份報告裱框，掛在書桌前。

保密隱形墨水

重要信件有時候可以保存很長的時間，就像葛楚德‧艾利恩收到的那封信一樣。不過，如果想要讓信的內容保密，來試試製作這個隱形墨水吧。

所需材料

- 小蘇打
- 水
- 容器
- 兩根棉花棒
- 紫葡萄濃縮果汁（或濃洛神花茶）
- 紙

操作步驟

1. 將小蘇打和水等量（試試各四分之一杯）放入容器中，攪拌直到小蘇打溶解。
2. 取棉花棒沾一沾溶液，在紙上寫下訊息。

3. 把紙晾乾。你所寫的訊息將會隱形。

4. 取乾淨的棉花棒沾葡萄濃縮果汁，塗滿整張紙，訊息就會浮現出來。

預期結果

　　pH 測定儀可以用來測量物質的酸鹼度。pH 值是從 0 到 14，水是中性，所以 pH 值是 7。pH 值低於 7 的物質稱為「酸」，pH 值高於 7 的物質叫做「鹼」。

　　pH 指示劑在遇到不同 pH 值的物質時會改變顏色。紫葡萄濃縮果汁是一種 pH 指示劑。小蘇打是鹼。當葡萄濃縮果汁碰到鹼時，會從紫色變成綠色。

　　你的隱形訊息會以綠色顯現在紙上。

餵養世界的綠色革命——諾曼·布勞格

一九七〇年和平獎得主

　　瑪麗才睜開眼睛，又立刻閉上。這個世界突然變得非常非常亮。她還發現這裡很熱，與上次落地的寒冷墓園形成強烈對比。這一次，她小心翼翼的睜開雙眼。她現在站在田中央，周圍滿是綠色和金黃色的植物，隨著微風搖曳。這些植物的高度幾乎一樣，大概到她的腰部。其中一棵搔到她的手，她便隨手摘下了植物的金黃尖端。

　　她所處的田是完美的正方形。在她視線能及的範圍內，筆直的田埂將作物由上到下、由左至右分割成整齊的方形區塊。每塊方形區塊的田地邊緣都牢牢插著一支木頭牌子。最

靠近她的牌子上寫著「索諾拉 64」。

「巴里，什麼是索諾拉？」她邊問邊四處尋找巴里的身影。她發現他在一條小徑上，大步朝著聚集在亮紅色曳引機旁的人群前進。「巴里，等等我！」她大叫，趕緊跟上。

當她趕上巴里時，他正與坐在曳引機駕駛座上的男人說

話。他就像瑪麗和巴里以外的其他人一樣，穿著白色短袖襯衫、短褲、工作靴並戴著寬帽簷的草帽。

「要喝嗎？」巴里邊問邊遞來一個錫製的瓶子。瑪麗忽然意識到自己的喉嚨有多乾，於是滿懷感激的大口吞下冰涼的水。喝完後，她將瓶子還給那個男人。

「謝謝，請問你是……」

「布勞格。我叫做諾曼·布勞格。」他邊說邊從曳引機上跳下來，站到她身旁。「所以，瑪麗，妳想要贏得諾貝爾獎。為什麼？」

在這之前從沒有人問過瑪麗這個問題，她仔細的想了想，才答道：「我猜那是因為得獎代表我發現了某個新的或重要的事物。某個能幫助我們理解這個世界的東西。」

「很合理，」布勞格說：「理解世界很好。但拯救世界呢？像是拯救生命！」

「十億個生命。」巴里說：「這是大家說的，諾曼。你的研究幫助了超過十億人遠離餓死的命運。瑪麗，大家稱他為綠色革命之父。」

布勞格看起來有些困窘。「我討厭這個稱號。我只是眾

多研究員之一⋯⋯」

「所以這些植物是你的發現嗎？」瑪麗問。

「這是小麥，」布勞格說：「我們研發出讓農夫有更多產量的新品種。這代表農夫可以用一樣大的田，種出比之前多一倍的量。現在農夫不必砍樹開墾更多農田，就能種出更多作物了。在一些國家中，我們已經讓農夫的小麥產量翻倍了。」

「神奇吧！」巴里說：「印度的農夫剛開始種諾曼的小麥，產量多到他們無法應付。採收的人力不足、存放作物的袋子不夠、將作物從農田運到市場的推車也不足、送到全國各地的卡車也不夠。有些地方甚至關閉了學校，只為了將學校的建築改為倉庫，存放所有多出來的小麥。」

「那只是暫時的。」布勞格補充：「這些問題很快就能解決了。」

「而我們現在所在的墨西哥，」巴里繼續說：「也從一個充滿飢餓者的國家，變成了能種植出許多小麥的地方，還足以將不需要的作物銷售到世界其他地方。」

「人們真的在挨餓嗎？」瑪麗問。

「噢，是的。」巴里說：「我們現在來到的是一九六〇年，地球上的人口在過去幾十年內爆炸成長。全世界陷入危機。預測將出現全球性的大規模饑荒。如果沒有諾曼的研究，我們就沒有足夠的食物可以餵養所有人。」

「我是在農田裡長大的。」布勞格說：「我記得『大蕭條時代[1]』。當時發生了旱災，農作物都死了。所有農田的土都被可怕的沙塵暴吹走。人們開始挨餓。我無法眼睜睜看著同樣的事再次在世界上大規模的發生。這就是為什麼我決定要研究作物。這裡是我們的實驗農場。每一塊方形農田種的作物都是不同品種，或是用不同種植方法，或在不同條件下生長。我們盡可能的試了各種方法讓作物的產量變多。妳手上的那個品種叫做索諾拉64。」

瑪麗漲紅臉，把偷摘的植物猛塞進口袋。

「噢，沒關係的，」布勞格說：「仔細觀察。妳有注意到每一株植物的大小都一樣嗎？這是為了確保它們接收到等

---

1 大蕭條時代發生於一九二九至一九三三年間的全球性經濟衰退，起於美國股市崩盤，席捲全球市場。一九三〇年開始，美國中西部發生嚴重的乾旱與沙塵暴，重創美國農業。

量的陽光。它們也有點矮小。比較高大的植株不會產出比較多的小麥，因為它們把能量都用來長高了。我們想要矮小、種植密度高的植株，可以產出肥大飽滿的麥穗，愈多愈好。有時當風吹過田野，可以聽到小麥彼此摩擦的聲音，就像音樂一樣。只要聽過一次，就永生難忘。」

「你如何讓這些小麥植株長得又矮又胖的呢？」瑪麗問。

「雜交育種、遺傳和施肥。」布勞格說：「我們也嘗試讓植株能夠抗病和抗害蟲。」

「那你得到的諾貝爾獎是哪一類？」瑪麗問：「我不認為是物理學獎。是化學獎嗎？」

布勞格再次困窘起來。「和平。」他喃喃的說：「他們頒了和平獎給我。這實在有點蠢。當我太太開車到我工作的田野，告訴我得獎的事時，一開始我還不相信。一大群攝影師跟在她後頭，以拍下我工作的照片，但他們踏壞了所有小麥。我太太說我必須去買件西裝。整件事都很惱人，真的。」

「我不知道原來科學家可以獲得和平獎。」瑪麗說。

　「這麼說吧，在飢餓的胃和人類的痛苦之上，是無法建立和平世界的。」布勞格說：「一九五〇年，地球上有二十五億人口。現在是一九六〇年，有三十億人口。巴里，我知道你不應該告訴我，但二〇一七年的世界人口有多少呢？」

「七十五億。」巴里說。

布勞格難過的搖搖頭。「你們可能需要想想別的辦法，」他說：「這或許就是妳的工作了，瑪麗。」

諾曼‧布勞格於一九七〇年獲頒諾貝爾和平獎。

諾貝爾獎的非科學獎項

諾貝爾獎除了物理學獎、化學獎、生理醫學獎（簡稱生物學獎或生醫獎），還有文學獎與和平獎。一九六九年增設了諾貝爾經濟學獎。從來沒有諾貝爾數學獎，或許是因為諾貝爾本人是個非常重視應用的科學家和工程師，他不認為數學像其他科學一樣重要。

只有一個人因為他的研究分別獲得了諾貝爾科學類獎項與和平獎。萊納斯・鮑林在一九五四年因為化學鍵的研究，得到了化學獎。他受邀參與研發第一顆原子彈，但他害怕核子戰爭會摧毀人類。他與他的太太說服了一萬一千名科學家簽署要求停止核子武器測試的請願書。在第一個禁止核試驗條約簽立的那一天，他獲頒一九六二年的諾貝爾和平獎。

營養豐富的手作全麥香蕉瑪芬

　　諾曼·布勞格的發現讓人們更容易種出更多小麥，幫助數百萬人免於飢餓。小麥是非常重要的食物，比米多了 50% 的蛋白質，所以更營養。小麥可以用來做麵包、義大利麵、早餐穀片和許多烘焙料理。這個食譜是用全麥顆粒，也叫做麥仁或全穀小麥，來製作健康的點心。

所需材料

- 1 又 1/2 杯全穀小麥（你可以在健康食品商店買到）
- 2 茶匙的發粉
- 1/4 茶匙的肉桂粉
- 3/4 杯的糖
- 1 顆蛋
- 2 根香蕉磨成泥
- 1/4 杯植物油
- 咖啡研磨機或研缽與杵
- 烤箱

- 2 個攪拌碗
- 瑪芬烤盤
- 瑪芬紙模

操作步驟

1. 烤箱預熱至 180℃。

2. 將瑪芬紙模放入烤盤中。

3. 將全穀小麥放入咖啡研磨機或研缽中。你可能沒辦法一次處理完。

4. 將全穀小麥磨成細麵粉。

5. 將麵粉、發粉、肉桂粉、糖放入攪拌碗中混合。在碗中做出一個凹陷。

6. 用另一個攪拌碗把蛋打散，與香蕉泥和油攪拌混合。

7. 將和油、蛋一起攪拌均勻的香蕉泥倒入麵粉的凹陷中。不斷攪拌，直到所有材料完全混合在一起。

8. 攪拌完成的麵糊倒入瑪芬紙模中，頂端留一些空間。

9. 放進烤箱烤 15 至 20 分鐘。放涼再吃。

預期結果

　　小麥的穀粒有三層。堅硬的最外層是麩皮，是纖維最多也最營養的部位。下一層是胚芽，包含油脂以及許多維生素、蛋白質和礦物質。最裡面的是胚乳，主要由澱粉組成。

　　全麥瑪芬是用全穀小麥製作，所以對身體很好。一般在商店買到的麵粉是只用胚乳做成的。

細胞夫人——麗塔·李維蒙塔希妮

一九八六年生理醫學獎得主

「快點，我們遲到了。」巴里邊說邊衝上一座巨大古老建築的石梯。

瑪麗必須用跑的才能跟上他。「你真的得控制好那臺時光機。或許我可以做到？」她氣喘吁吁的說。

「當然不，」他朝身後大叫：「快來！舞會已經開始了。」他跑入一扇敞開的門，消失在建築之中。

瑪麗惱怒的停在階梯頂端，回頭看他們剛才經過的路。階梯前方是用灰色和白色石頭鋪成的廣場。中間有一座白色石頭基座，上面立著一座巨大的青銅雕像，那是一位身穿長

袍、頭戴花冠、跨坐在強壯馬匹上的男人。男人的右臂張開，就像在對著看不見的人群說話。建築物在瑪麗的下方延伸，許多建築有著圓頂。現在是晚上，城市的燈光開始點亮。人們坐在戶外喝著紅酒、抽著菸，或手拿冰淇淋甜筒漫步在狹窄的小巷中。一架飛機飛越瑪麗的頭頂，因此她知道這座城市雖然看起來很古老，但他們並沒有穿越時空到很久很久以前。

數百人的歌聲整齊劃一的從敞開的門飄出來。「Tanti auguri a te! Tanti auguri a te! Tanti auguri a Rita! Tanti auguri a te![1]」歌詞聽起來不太熟悉，但旋律就很熟了。這是為某個人而唱的生日快樂歌。代表那裡有蛋糕，瑪麗心想，並發現自己其實非常餓。她轉身背對城市，進入了建築物中。

室內有一場派對正熱烈進行中。房間的中央有一位瑪麗有史以來見過最老的人。她穿著與她瘦小身軀非常相稱的白襯衫與黑外套，頭上純淨的白髮像刻出來的波浪般完美。她的頸部別著金色胸針，充滿皺紋的手戴滿了鐲子和戒指。在

---

1 這是義大利文的生日快樂歌。

她面前放著點綴了巧克力裝飾和新鮮覆盆子的蛋糕。她右手拿著刀，左手拿著斟滿的香檳杯。正如瑪麗所見，這位女人同時切下蛋糕，並啜飲香檳，連一滴酒都沒有灑出來。她注意到瑪麗的目光，便對她眨眨眼，擺擺手要她靠近一點。

「妳很好奇我現在幾歲了，小瑪麗？」

「不，我沒有！」瑪麗說，雖然那正是她剛才在想的事。

「今天是我一百歲生日。我是一九〇九年出生的。羅馬參議院的同事幫我舉辦了這個派對。我是最長壽、也是唯一活到這個歲數的諾貝爾獎得主。很顯然的，這讓我很特別。妳要來點蛋糕嗎？」

瑪麗感激的接受了。當她剛吃下一大口蛋糕時，巴里注意到了她。「啊，瑪麗妳在這兒啊。妳怎麼這麼久才出現？妳見到麗塔·李維蒙塔希妮了嗎？她是個傳奇呢！」

「嗯……」瑪麗滿嘴蛋糕的發出咕噥聲。

「瑪麗，妳現在幾歲？」麗塔問。

「十歲，」瑪麗一邊說，一邊吞下嘴裡的東西，並渴望的看著盤子裡剩下的蛋糕，「又九個月。」她補充道，希望

這額外的幾個月讓她聽起來更成熟一點。

　　「那麼往後妳還有好多年的時間。現在世界是個非常不一樣的地方了。當我十歲九個月時，我和我的雙胞胎姐妹不被期許成為妻子和媽媽以外的角色。」她大大哼了一聲。「我對那種人生一點興趣也沒有。我不曾結婚，並成為了一

名醫生。我在一所大學的解剖學系當助理，當我被解聘時，正在研究神經系統。」

「因為妳是女人嗎？」瑪麗問。

「不是，親愛的。是因為我是猶太人。當時是一九三八年，那是段黑暗的日子，但更黑暗的還是來了。在第二次世界大戰期間，我在臥室建立了實驗室，所以可以祕密的繼續我的研究。我用尖銳的縫針製作了手術器械。當德國人侵略義大利時，我和家人們逃到了佛羅倫斯，客廳的角落成了我工作的地方。噢，瑪麗，妳應該看看那裡的，那裡到處都是雞蛋！」

「雞蛋？」

「我當時正試著找出細胞如何成長和發育。為了進行研究，我需要雞的胚胎。因此需要雞蛋。戰爭期間，雞蛋短缺。我必須沿著農村騎著腳踏車，說服農家將雞蛋賣給我。」麗塔又喝了一大口香檳。「胚胎始於一顆單細胞。從這一顆細胞開始，以美妙的複雜性，發育出組成整個身體的所有東西。妳的皮膚、頭髮和指甲；妳的心臟、肝臟、腎臟和肺臟；還有妳的眼睛——讓妳擁有視力的禮物！更不用說

妳那優秀的大腦了，瑪麗！妳曾經好奇過這些是怎麼發生的嗎？」

「我想有吧……」瑪麗一邊說，一邊好奇自己生命最一開始的瞬間。

「在我的職業生涯後期，我和我的好朋友史丹利・柯恩一起在美國工作。我們得以呈現出細胞如何伸出神經纖維，與其他鄰近細胞相連與溝通，讓它們能一起創造和形塑器

官。這花了很長的時間，但我們終究得以釐清細胞彼此如何對話和溝通。」

　　「麗塔的研究成果是一些重要發現的起點。」巴里說：「她的研究使得新研究的進行變得可能，例如先天畸形、失智症，甚至癌症。」

　　「大家稱我為『細胞夫人』。當我回到義大利，總統任命我為參議員[2]，」麗塔說：「也就是說，我也是個政

2 李維蒙塔希妮於二〇〇一年受總統提名，成為義大利終身參議員。

治人物。」

「難怪大家幫妳辦了這麼盛大的派對。」瑪麗說。

「哼。」麗塔哼了一聲，又喝了一口香檳。「他們全都對我活到這麼老感到驚訝。他們是來看一位一百歲老女人的。但我不覺得自己老。不是指我的身體，而是我的內心，它現在比我二十歲時還要更好。」

麗塔放下酒杯，炯炯有神的看著瑪麗。

「聽說妳想要擁有自己的發明。妳必須學會無所畏懼。不要害怕為未來做出自己的決定。不要畏懼艱難的時刻。它們會造訪妳，就像造訪我們所有人一樣，而最好的部分也是來自於此。我從未有過任何遺憾。」她站起來伸展身體，並掃視整個派對。「現在我必須加入我的朋友們了。雖然我的人生還剩下幾年光陰，但沒有時間可以浪費了。」麗塔再次對瑪麗眨眨眼，拿起酒杯走遠。轉瞬間，人群淹沒了她。

「哇！」瑪麗說：「她有點神奇，不是嗎？」

「是啊，獨一無二。」巴里表示同意。

史丹利・柯恩與麗塔・李維蒙塔希妮於一九八六年獲得諾貝爾生理醫學獎，表彰他們發現了生長因子。李維蒙塔希妮享壽一〇三歲，直到二〇一二年過世前一年，仍持續發表科學論文。

崎嶇之路

　　如同許多人一樣，李維蒙塔希妮在獲得諾貝爾獎的道路上，必須克服許多與棘手科學無關的障礙。二〇〇九年獲得生理醫學獎的卡蘿・格萊德，早年在學校經歷了許多困難。她有閱讀障礙，因此拼字能力很差，她被安排加入補救班，但仍難以獲得好成績。

　　一九四七年獲得生理醫學獎的格蒂・柯里與丈夫卡爾在他們的研究生涯中一直共同合作。儘管如此，她的薪水卻只有丈夫的十分之一，而且許多機構拒絕讓他們一起工作。

　　李維蒙塔希妮也不是唯一受到第二次世界大戰影響的科學家。一九三八與一九三九年，希特勒拒絕讓三名德國獲獎者接受諾貝爾獎。

消失的蛋殼

你也可以像麗塔・李維蒙塔希妮一樣，用雞蛋做個簡單的實驗。

所需材料

- 2 顆蛋
- 2 個有蓋玻璃罐
- 白醋
- 油性麥克筆

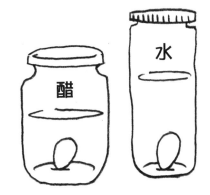

操作步驟

1. 小心的將蛋分別放入容器中。

2. 將醋倒入其中一個罐子，完全淹過雞蛋。

3. 另一個罐子則裝水。

4. 蓋上蓋子。

5. 在容器上標示「水」或「醋」。

6. 24 小時後，小心的倒出液體再重新裝滿。

7. 再過 24 小時，小心的取出雞蛋。用清水將醋沖洗乾淨。

預期結果

　　放在水中的雞蛋不會有任何改變，但放在醋中的雞蛋蛋殼會逐漸消失。

　　醋是酸性液體，能夠溶解蛋殼，因為醋將蛋殼的碳酸鈣轉變成浮離在液體中的鈣和二氧化碳氣體。你可以看見雞蛋表面形成了小氣泡，那就是二氧化碳氣體。

　　缺少殼的雞蛋現在只剩下一層薄膜包在外面。與蛋殼不同的是，這個膜可以彎曲。甚至將蛋從幾公分高丟下，蛋也不會破。請小心的試一試。

　　重複這個實驗，將蛋放置更久的時間。或是用小骨頭或貝殼來做實驗，看看會發生什麼事。

迷你分子機器——

尚皮耶·索瓦、福瑞澤·史托達特、伯納德·費倫加

二〇一六年化學獎得主

　　現在他們在一座大型音樂廳的最後面。有一千五百人坐在觀眾席的紅色絲絨椅中。所有男人都身穿晚禮服配白領結，女人們則穿著正式禮服。亮片、珠寶、用緞帶掛在脖子上的獎牌，以及許許多多的眼鏡，讓整個音樂廳閃閃發亮。廳內每一面牆都用數以千計的粉紅花朵裝飾，代表世界各國的旗幟從陽臺垂掛進來。

　　「我猜妳可能會想看看諾貝爾獎頒獎典禮。」巴里說：「這是正式宣布得獎者的場合，場面隆重又高雅。」

瑪麗低頭看看自己的衣服，經過在充滿灰塵的房間與潮溼的草地的所有笨拙著陸之後，她的衣服現在很皺且有點髒。她覺得在這個場合下，自己穿得太寒酸了。

　　在舞臺中間，一條深藍色地毯繡著一個白色的巨大「Ｎ」字，「Ｎ」的正後方是一個男人的頭像。「那就是阿弗烈‧諾貝爾本人的頭像。」巴里說：「頒獎典禮一直以來都在十二月十日舉辦，這天是他的忌日。」

　　頭像的另一邊坐著評審委員和以前的得獎者。左前方有一排空著的紅色座椅。右邊則是為瑞典國王與皇室準備的六張華麗的藍色與金色座椅。

　　「瑞典有國王嗎？」瑪麗問。

　　「噢，有啊。」巴里說：「卡爾十六世‧古斯塔夫。他來了。」一位灰髮稀疏的老人，身上的黑色西裝別著華麗的勳章，他走上舞臺，並坐在最大的藍色座椅中。

　　「他沒有戴皇冠。」瑪麗的語氣帶點失望。

　　管弦樂團開始演奏，有八位男人排成一列走上臺，在紅色座椅處坐下。

　　「有人不見了？」瑪麗問，她注意到有一張紅色座椅是

空的。

「文學獎得主。」巴里說：「他很害羞，不喜歡頒獎典禮。[1]」

在一些瑪麗認為有點太長的演講以及管弦樂團演奏的音樂之後，頒獎典禮來到了關鍵時刻。

一位圓臉並面帶微笑的男人站上講臺，看向人群。他看起來有點難以控制自己的快樂情緒，好像隨時要跳起舞或唱起歌來。

「各位先生小姐！二〇一六年的諾貝爾化學獎充滿傑出的想像、創造力與突破性的科學新領域。」他笑著說：「這個獎要頒發給尚皮耶・索瓦、福瑞澤・史托達特爵士、伯納德・費倫加，他們設計並合成了分子機器。」

瑪麗輕輕推了推巴里，問：「什麼是分子機器？」

「聽下去。」他低聲說。

那個男人依舊很開心。「你所能想像最迷你的機器。將

---

1 二〇一六年的文學獎得主是美國創作歌手巴布・狄倫，有搖滾詩人之稱。當時他沒有出席頒獎典禮。

一千臺機器並排，僅與人類頭髮一樣寬。」

「那臺機器的重點是什麼？」瑪麗問。

「噓。」巴里說。

管弦樂團奏起頒獎樂，三位諾貝爾獎新科得主一個接一個起立，走向巨大白色「N」字的位置，與國王握手並接下他們的金色獎牌和證書，再依序向國王、他們身後的人們及觀眾們敬禮，最後轉身回自己的座位。

「獎牌比看起來的還沉。」當有人差點將獎牌落在國王腳邊時，巴里輕聲說。

「所以獲獎者只會得到一座獎牌嗎？」瑪麗問。

「還有一百萬美元。」巴里說。

「一百萬！」瑪麗驚呼：「每個獎？」有一些人轉過來瞪她。

「噓！」巴里又再說了一次。「聽起來很多，但許多獲獎人將這筆獎金作為研究經費。而且如果妳與其他人共享一個獎，獎金也會跟著平分。總之，我想讓妳見見那三個人。走吧。」

他們離開音樂廳的時候，一位灰長髮的高瘦女子正站在

管弦樂團前面，唱著：「喔，你到哪兒去了，我藍眼睛的孩子？[2]」

「我們得加快腳步。」巴里一邊說，一邊帶著瑪麗走下一段階梯來到大廳，接著進入一間塞滿厚重冬季大衣和手提包的小房間。「得主們差不多要去吃晚餐了。」

「巴里！你看！」一位很高的男人大叫，揮著獎牌衝進房間。

瑪麗因為頒獎典禮認出了索瓦。史托達特和費倫加跟著他一起進入衣帽間，瑪麗發現他們就是她撞見祕密集會時，正在學習集會規則的那三個男人。

那是什麼時候呢？她很好奇。感覺像幾小時前才剛發生的事，但實際上大概是在未來的某個時間點。思考這件事讓她的頭有點痛。

「恭喜！」巴里說，用力的與他們握手。「感覺非常棒，不是嗎？我知道你們必須趕去吃晚餐，但瑪麗想知道你

---

2 此為巴布・狄倫的歌曲《大雨將至》的歌詞。在頒獎典禮上，由美國龐克教母佩蒂・史密斯所演唱。

們的迷你分子機器可以用來做什麼？」

「這就是它美好的地方啊，瑪麗。」史托達特說：「我們還不知道可以做什麼。一百年前，當萊特兄弟建造第一架飛行器時，他們也無法想像有一天人類可以在一天內飛往世界各地，更別說登陸月球。這是科技進入全新時代的開端。機會無窮無盡！」

「想像迷你機器人可以被注射進人類的靜脈，在體內尋找癌細胞，精確的傳送藥物到需要的地方。」費倫加說：「這些機器存在身體裡，可以監測心臟的運作，或幫忙建造新的肌肉。」

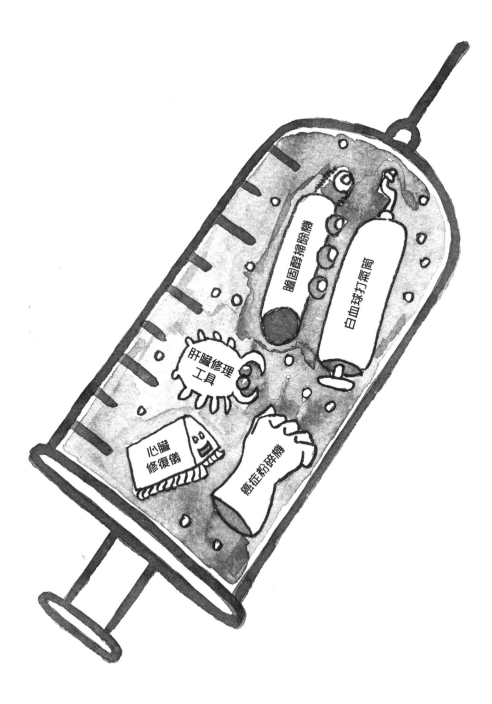

「或是智能材料。」史托達特說：「例如擁有微小機器的橋梁可以在損壞或磨損時，自己進行重建和加強。塑膠水管可以在地底下自行修復。太空站可以自己建造。」

　　「就像是超級螞蟻，」索瓦說：「我們建造了以光作為能量的分子馬達，可以轉動比它大上一萬倍的物體。」

　　「你們如何設計出這麼小的機器？」瑪麗問。

　　「這有點像是戴著拳擊手套在黑暗中建造一座樂高城堡，」費倫加說：「只是是用分子而不是磚頭，並用化學反應當作工具。索瓦發現了如何將分子串接成鍊，開啟了這一切。接著史托達特建立了分子輪軸，而我發現了製造馬達的方法。現在已經有人設計出由一個分子組成的車。」

　　巨大鐘聲響起，他們聽見了人們離開音樂廳時的談笑聲。

　　「晚餐！」史托達特說：「我們得走了，瑪麗。下次聚會再見。」

　　「對，我們最好趕快走。我聽到晚餐菜色有鵪鶉佐雲莓雪泥。」索瓦急忙的說，一腳踩中史托達特的腳。

　　「我們也遲到了，」巴里邊說邊從口袋掏出時光機，瘋

狂的轉動機器的旋鈕。

「但我們有時光機啊，」瑪麗說：「我們怎麼可能遲到？接下來我會在哪裡與誰見面呢？」

巴里按下按鈕，衣帽間就消失了。

二〇一六年諾貝爾化學獎共同頒給了尚皮耶・索瓦、福瑞澤・史托達特爵士和伯納德・費倫加，表彰他們設計並合成分子機器。

未來可能的科學突破

　　我們無法猜測未來會有什麼科學性的突破。下一屆的諾貝爾獎可能頒發給在太空中發現生命的科學家、發現癌症療法的科學家，或是找出如何生成足夠的乾淨能源給城市使用，而且不會破壞環境的科學家。

　　一九九三年獲得生理醫學獎的理查‧羅伯茲相信，最具潛力獲得新發現的領域是生物學。現在我們已知的部分相對來說仍然很少，因為演化，生物總是在改變。

　　假如你像瑪麗一樣，想要獲得諾貝爾獎的榮耀，最好的方法是忘記獎項，專注於你最擅長的科學領域。問好的問題、用創新的方法解答，並尋找那些揭露大自然中不可預期面的結果。同時，也要具有極佳的運氣。

一個分子有多小？

　　想像一粒沙。現在想像把它切一半，然後再切一半、一半、再一半。當你無法將沙子切得更小時，你得到的是一顆原子。原子是物體可分割成的最小單位。一群原子聚在一起叫做分子。原子和分子都非常小，不使用特別的顯微鏡是看不到的，但這個實驗能讓你測量單一層分子的厚度。

所需材料

- 水
- 1 茶匙的細粉（滑石粉、玉米粉或普通麵粉）
- 橄欖油
- 藥用滴管
- 大碗或盤子（直徑至少 20 公分）
- 細網篩子
- 尺
- 計算機

操作步驟

1. 用碗裝一些水。

2. 將一茶匙的粉末放入篩子，小心的在水面上撒一層非常薄
   的粉末。輕輕吹走多餘的粉末。

3. 在粉末上滴一滴油。

4. 觀察油在水面上擴散的情形。這可能要花上好幾分鐘。如
   果油碰到了碗的邊緣，需要用更大的碗再試一次。

5. 測量油形成的圓圈的寬度，也就是直徑。直徑的一半叫做
   半徑。

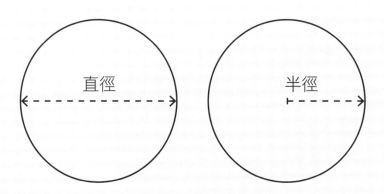

6. 使用下列算式，計算這層油的厚度。

   圓圈的直徑（毫米）＝ ＿＿＿＿＿＿＿＿＿

   圓圈的半徑（毫米）＝直徑 ÷2 ＝ ＿＿＿＿＿＿＿＿毫米

油的體積 * = ＿＿＿＿＿＿ 毫升

*大部分藥用滴管一滴是 0.05 毫升。

油層的厚度

＝油的體積 ÷（3.14 × 半徑 × 半徑）

= ＿＿＿＿＿＿ 毫米

預期結果

油層的厚度就是一個分子的厚度。一個橄欖油分子大約是 0.000002 毫米厚，你的答案有多接近呢？

相信你的腸胃——巴里·馬歇爾、羅賓·華倫

二〇〇五年生理醫學獎得主

巴里和瑪麗再次站在長廊上，在一間儲藏室外面。

「好，就這樣。」巴里說：「我得去參加會議了。」他看了看手錶。

「等等！還沒結束，」瑪麗說：「你還沒告訴我你是怎麼贏得諾貝爾獎耶。」

「噢，那沒有那麼有趣啦。」巴里說，看起來有點不好意思。「而且那是團隊的努力。總之，我現在必須把時光機還回去了。」

「哈囉，瑪麗。」一位白髮男子說，他帶著友善的笑

容，沿著長廊朝他們走來。「我是羅賓・華倫。我和巴里一起得到了諾貝爾獎的肯定。妳媽媽告訴我，妳很想聊聊我們的研究。我認為我可能可以在這裡找到妳。巴里，你又忘了鎖上那道門嗎？」

巴里聳聳肩。「那只是個歡迎新成員的簡短會議。我沒

預期到有人會閒晃進來。」

「但我跑進去了。而且全都看見了。所以我們達成協議，」瑪麗堅定的說：「現在，我想知道你是如何得到諾貝爾獎的？」

巴里看了看手錶。「我真的必須趕緊離⋯⋯」

「巴里，就告訴她你做了什麼吧。」羅賓說。

巴里盯著自己的腳。

羅賓嘆了口氣。「噢，好吧。我來告訴她。我們在研究胃潰瘍，那是個糟糕的東西。它會讓妳產生嚴重的胃痛、嘔吐和體重下降。而且這個疾病非常普遍，大約十分之一的人會罹患。胃潰瘍會導致胃癌，更糟的狀況是，胃裡最後會有一個洞。有些人甚至因出血而死亡。多年來，醫生認為胃潰瘍是因為壓力、吃辣或胃酸過多所引起。他們治療病人的方式是給予藥物、減少胃酸。」

「這是個巨大的產業。」巴里說：「有些公司每年從這些藥物賺取數十億美元。事實上這些藥根本沒有用，但那些公司沒興趣尋找不同的療法。我請他們提供經費支持我的研究，他們竟然說負擔不起。」他哼了一聲。

羅賓繼續說：「當我認識了巴里，我們開始懷疑胃潰瘍的起因其實可能是一種特殊的細菌。」

「所有人都認為我們瘋了。」巴里說：「沒有人相信細菌可以在胃中存活。這是個『已知的事實』。」

兩個男人都笑了。「小心這些『已知的事實』，瑪麗。它們真的能阻止妳前進。」羅賓說。

「就像認為地球是平的，」巴里說：「或是胡蘿蔔可以幫助妳在黑暗中看見。」

「或是冥王星是一顆行星。¹」瑪麗補充。

「冥王星確實是一顆行星啊。」巴里有點困惑的說。

「不再是了。」瑪麗說。

「總而言之，」羅賓說：「他們錯了。這個細菌不只能在胃中存活，它還能生長。它的形狀很怪，有點像紅酒開瓶器，而且它很強韌。瑪麗，妳知道什麼能殺死細菌嗎？」

---

1 科學家在一九三〇年發現冥王星，將它列為太陽系第九顆行星。然而二〇〇六年，科學家將行星重新定義，冥王星從九大行星中除名，改列為矮行星。

瑪麗記得亞歷山大‧弗萊明的發現。「抗生素！」她說。

　　巴里自豪的笑了。「沒錯。所以理論上，如果將正確的抗生素給胃潰瘍患者服用，就可以殺死細菌，讓他們擺脫潰瘍。」

　　「問題是沒有人相信我們，」羅賓繼續說：「他們仍然困在潰瘍是由壓力引起的想法中。他們開抗憂鬱藥給病人，或切除病人部分的胃。我們的想法奇怪到難以讓他們認真看待。因為老鼠不會得胃潰瘍，我們無法用小鼠做實驗，也不被允許在任何人身上做實驗。」

　　巴里又看了一次手錶，說：「噢，看看時間。我真的必須跑⋯⋯」

　　羅賓伸手抓住巴里的袖子，接著說：「所以巴里親自出馬了。他沒有告訴任何人，包括他的妻子，他故意喝下了一些細菌。」

　　瑪麗不可置信的瞪著巴里。「太瘋狂了！」

　　「是啊，」羅賓表示同意。「巴里，告訴瑪麗，你是從哪裡弄到那些細菌的。」

　　巴里腳步猶疑，盯著地板咕噥了幾句，但聲音小到瑪麗

 與諾貝爾獎得主一起穿越時空的十二堂科學課

根本聽不到。

「大聲點，巴里。」羅賓說。

「病人！」巴里大喊。「我從我其中一個病人的腸胃中得到那些細菌。」

瑪麗覺得有點不舒服。

「然後呢？」羅賓催促他。

「前幾天我沒什麼問題，」巴里說：「然後我開始感覺很糟。感到噁心，呼吸的氣味聞起來很可怕，胃非常痛，然後我開始嘔吐。」他做了個鬼臉。「真的很痛。但妳知道我接下來做了什麼嗎？我吃了抗生素，治好自己了。」

「於是現在抗生素成了治療胃潰瘍的標準療法，在西方國家，幾乎沒有人因此罹患胃癌了。」羅賓說：「許多可能會死的人能活得好好的，世界上的苦難也少了很多。」

羅賓對瑪麗伸出手。「很高興能認識妳。我確信我們有一天會再相遇。」他對巴里眨眨眼。

「再見。」瑪麗邊說邊與他握手。

「我也必須離開了。」巴里說：「但是瑪麗，妳學到了所有想知道的事了嗎？知道了得諾貝爾獎有多麼困難，

妳的發現得花多少時間才能得到認可，現在妳仍想要得獎嗎？」

　　瑪麗想了一會兒。「我不確定。我以前認為，如果我得了諾貝爾獎，就會突然變有錢和有名。我猜事情並不會總是這樣發生。但我想幫助人們，就像你一樣。你知道我現在真正感興趣的是什麼嗎？是你那臺時光機。可以讓我看一下，看看它是怎麼運作的嗎？」

　　巴里倒退了幾步。「噢，不，我不能讓妳這麼做。我們有規則規定誰可以使用。而且老實說，我自己也不完全清楚它如何運作。我沒辦法解釋給妳聽。大部分的時候，我只是按那些按鈕，期待得到最好的結果。」

　　「但想像一下你可以用它做什麼啊！」瑪麗說：「我們可以回到過去，治癒疾病，或是發現不會汙染地球的新能源，或阻止動物滅絕……」

　　「不要恐龍，」巴里驚慌的說：「這就是為什麼必須要有規則。」

　　「我想也是。」瑪麗有點失望的說：「但我還是想拿拿看。」

巴里垂下肩膀，低下頭看著瑪麗。「好吧，妳可以拿著它，就一次。但必須保證不會按下任何按鈕。」

「我保證！」瑪麗說，接著巴里從實驗衣的口袋中掏出時光機，放到她的手中。她小心翼翼的拿著它。機器比她預期的重，感覺溫溫的、很光滑，不過她感覺到機器背面有一小塊突起，摸起來粗粗的。她用手指觸摸，趁著巴里將目光從她身上移向手錶時，她把機器翻面，仔細的看了看。機器背後有個很小的牌子，上面刻著「給巴里，來自瑪麗」。

巴里抬起頭，驚叫了一聲，一把將時光機從她手中搶走。「好了，在我因為遲到再次惹上麻煩之前，我現在真的必須離開了。但我們會再見面的，瑪麗，相信我。」

巴里衝過大門進入研究中心，留下瑪麗陷入沉思。「如果時間是彎曲的，如果可以找到一種比光還快的移動方式，如果可以建造一個類似太空船的東西，體積很小，可以握在手中，我很好奇會發生什麼事……」她緩慢的自言自語。

「瑪麗！妳在這裡啊！」瑪麗的媽媽在巴里剛才經過的門前對她揮揮手。「我到處找妳，馬歇爾教授認為妳可能在

這裡。他終於出席會議了。妳介意在這裡等我一會兒嗎？不會太久。」

「沒問題。我有些事情要思考。」瑪麗邊說邊打開手機的記事本，開始記下她從未有過的最棒點子。

與諾貝爾獎得主一起穿越時空的十二堂科學課

二〇〇五年，巴里・馬歇爾與羅賓・華倫獲得諾貝爾生理醫學獎，表彰他們對幽門螺旋桿菌，以及幽門螺旋桿菌在胃炎與消化性潰瘍所扮演的角色的發現。

人類白老鼠

　　巴里‧馬歇爾和屠呦呦不是唯二在自己身上進行實驗的諾貝爾獎得主。一九五六年獲得生理醫學獎的沃納‧佛斯曼，當初正在研究如何用很細且中空的心導管在心臟裡面測量壓力的方法。他在馬的體內成功進行了實驗，但不被允許做人體實驗，因為太危險了。他的護士願意幫助他，自願成為白老鼠。他將護士固定在診療臺上，接著卻快速的將心導管插入他自己的手臂，並一路推到心臟。

　　二〇一一年獲得生理醫學獎的羅夫‧史坦曼，則是在被診斷罹患胰臟癌時，一直致力研究用自身的免疫細胞對抗感染和癌症的方法。他以自己進行人體試驗，他存活的時間比醫生所預期的長得多。

紫甘藍酸鹼指示劑

　　幽門螺旋桿菌是造成胃潰瘍的細菌，可以在胃裡極酸性的環境下存活。它會生成一種酵素，叫做尿素酶，可以將尿素分解成二氧化碳和氨。氨是弱鹼，可中和胃酸。科學家開發了一個試驗，用來確認病人的胃裡是不是有尿素酶。如果有，就知道病人感染了幽門螺旋桿菌。

　　這個試驗要使用 pH 指示劑。許多 pH 指示劑來自植物。在這個實驗中，你將用紫甘藍汁來製作 pH 指示劑。

所需材料

- 3 杯紫甘藍絲
- 醋
- 小蘇打粉
- 檸檬汁
- 洗碗精
- 平底鍋
- 篩子

- 罐子
- 藥用滴管
- 透明塑膠杯

操作步驟

1. 將紫甘藍絲放入平底鍋，用水覆蓋。

2. 將水煮滾，接著關火。冷卻大約 30 分鐘。

3. 將紫甘藍汁過篩，倒入罐子裡。這就是你的 pH 指示劑。

4. 倒一杯水，一杯醋；以及一杯水和一茶匙的小蘇打混合均勻的溶液。

5. 在每個杯子裡滴入幾滴指示劑，觀察液體的顏色變化。將結果填入右頁表格。

6. 使用乾淨的杯子，用檸檬汁重複實驗，觀察顏色變化，推測檸檬汁是酸性還是鹼性。

7. 使用乾淨的杯子，用洗碗精重複實驗，觀察顏色變化，推測洗碗精是酸性還是鹼性。

8. 現在測試你在家中找到的其他液體，例如優格、蘋果汁、漱口水、牙膏、牛奶、飲料、清潔劑和洗衣粉。每次都用

乾淨的杯子進行實驗。在加入指示劑前，猜猜看溶液會變成什麼顏色。觀察顏色，推測液體是酸性或鹼性。

物質	指示劑顏色	酸或鹼
水	_____	中性
醋	_____	酸性
小蘇打	_____	鹼性
檸檬汁	_____	_____
洗碗精	_____	_____
_____	_____	_____
_____	_____	_____
_____	_____	_____
_____	_____	_____

預期結果

　　pH 值的範圍是從 0 到 14。水是中性的，pH 值是 7。pH 值小於 7 的是酸。醋的 pH 值是 2.4。pH 值大於 7 的是鹼。小蘇打的 pH 值是 9。

如果想要感受時空旅行的感覺，就試試在午後進行恢復精力的 30 分鐘小睡。如果你陷入沉睡，就不會感覺到時光流逝。所以當你在 30 分鐘後醒來，整個宇宙已經往前移動了半個小時，但對你而言感覺就像一瞬間。這種感覺就像是你旅行到 30 分鐘後的未來！

　　好處是你現在感覺十分神清氣爽，可以處理困難的心智任務，就像早上處理第一件事情一樣容易。很多諾貝爾獎得主會午睡片刻，像這樣來場時空旅行，我就是！

　　沒有人理解為什麼這會有用，但這是個重要的問題。事實上，二〇一七年諾貝爾化學獎就是頒給生理時鐘的研究，研究讓我們晚上睡覺、白天醒來的化學物質。

　　　　　　　　　　　　　　　　　巴里・馬歇爾

附錄

那些改變世界的諾貝爾獎得主

艾伯特·愛因斯坦

一九二一年諾貝爾物理學獎得主,他所提出的狹義相對論,讓他受到全世界的注目。但愛因斯坦並不是因為相對論而得獎,諾貝爾獎是表彰他對理論物理學的貢獻,特別是光電效應定律的發現。

瑪里·居禮

瑪里·居禮一九〇三年與她的先生皮耶·居禮一同獲得諾貝爾物理學獎,

表彰他們共同研究輻射現象所達成的非凡成就。一九一一年，她再度獲得諾貝爾化學獎。她是第一位獲得諾貝爾獎的女性、第一位獲得兩次諾貝爾獎的人，也是唯一一位同時得到兩種科學獎項的人。

古烈爾莫・馬可尼

一九〇九年馬可尼獲得諾貝爾物理學獎，表彰他對無線電報發展的貢獻。馬可尼靠著他的專利發明，變得更加富有。

法蘭西斯・克里克、詹姆斯・華生、莫里斯・威爾金斯

克里克、華生與威爾金斯解開了DNA分子結構謎題，一九六二年獲頒諾貝爾生理醫學獎，表彰他們對核酸分子結構，以及核酸在生物體內傳遞訊息的重要性的發現。

亞歷山大‧弗萊明

一九四五年的諾貝爾生理醫學獎，頒給了對青黴素以及青黴素對傳染病療效的發現，有著極大貢獻的三人——亞歷山大‧弗萊明爵士、恩斯特‧錢恩和霍華‧佛羅里。弗萊明為青黴素的發現者。

屠呦呦

屠呦呦發現了治療瘧疾的新療法，二〇一五年獲得諾貝爾生理醫學獎殊榮。她是第一位獲得諾貝爾獎的中國女性。

蘇布拉馬尼安‧錢卓斯卡

一九八三年的諾貝爾物理學獎頒給了蘇布拉馬尼安‧錢卓斯卡。錢卓斯卡是因為他在十九歲時的發現而獲獎，但到了七十三歲才獲得諾貝爾獎的肯定。

葛楚德・艾利恩

一九八八年，葛楚德・艾利恩與詹姆士・布萊克爵士、喬治・希欽斯共同獲得了諾貝爾生理醫學獎。艾利恩並沒有博士學位，而是在獲獎後五年，牛津大學才給了她榮譽科學博士學位。

諾曼・布勞格

致力於研究出產量高的小麥新品種，解決饑荒問題。於一九七〇年獲頒諾貝爾和平獎。

麗塔・李維蒙塔希妮

麗塔・李維蒙塔希妮於一九八六年與史丹利・柯恩共享諾貝爾生理醫學獎，表彰他們發現了生長因子。她不受第二次世界大戰影響，仍在家中持續她的研究。李維蒙塔希妮在二〇一二年過世，享壽一〇三歲。

尚皮耶・索瓦、福瑞澤・史托達特、伯納德・費倫加

二〇一六年諾貝爾化學獎頒給了尚皮耶・索瓦、福瑞澤・史托達特、伯納德・費倫加三人。他們以微小的分子為材料，設計並合成出了分子機器。

巴里・馬歇爾、羅賓・華倫

巴里・馬歇爾與羅賓・華倫一同獲得二〇〇五年諾貝爾生理醫學獎，他們發現造成胃潰瘍的元兇——幽門螺旋桿菌。馬歇爾為了驗證幽門螺旋桿菌與胃潰瘍的關聯，還親自喝下了細菌。

小麥田

知識館 15

與諾貝爾獎得主一起穿越時空的十二堂科學課

橫跨物理、化學、生物，啟動自主學習，掌握科學閱讀素養力

How to Win a Nobel Prize

作　　　者	巴里‧馬歇爾 (Barry Marshall)、洛娜‧亨德利 (Lorna Hendry)
繪　　　者	伯納德‧卡雷歐 (Bernard Caleo)
譯　　　者	竹蜻蜓
封面‧內頁設計	黃鳳君
責 任 編 輯	蔡依帆

國 際 版 權	吳玲緯
行　　　銷	何維民 蘇莞婷 吳宇軒 陳欣岑
業　　　務	李再星 陳紫晴 陳美燕 葉晉源
副 主 編	汪郁潔
副 總 編 輯	巫維珍
編 輯 總 監	劉麗真
總 經 理	陳逸瑛
發 行 人	涂玉雲
出　　　版	小麥田出版
	10483 台北市中山區民生東路二段 141 號 5 樓
	電話：(02)2500-7696
	傳真：(02)2500-1967
發　　　行	英屬蓋曼群島商家庭傳媒股份有限公司
	城邦分公司
	10483 台北市中山區民生東路二段 141 號 11 樓
	網址：http://www.cite.com.tw
	客服專線：(02)2500-7718｜2500-7719
	24 小時傳真專線：(02)2500-1990｜2500-1991
	服務時間：週一至週五 09:30-12:00｜13:30-17:00
	劃撥帳號：19863813　戶名：書虫股份有限公司
	讀者服務信箱：service@readingclub.com.tw
香港發行所	城邦（香港）出版集團有限公司
	香港灣仔駱克道 193 號東超商業中心 1/F
	電話：852-2508 6231
	傳真：852-2578 9337
馬新發行所	城邦（馬新）出版集團 Cite(M) Sdn. Bhd
	41-3, Jalan Radin Anum,
	Bandar Baru Sri Petaling,
	57000 Kuala Lumpur, Malaysia.
	電話：+6(03) 9056 3833
	傳真：+6(03) 9057 6622
	讀者服務信箱：services@cite.my
麥田部落格	http:// ryefield.pixnet.net
印　　　刷	前進彩藝有限公司
初　　　版	2021 年 3 月
售　　　價	340 元

版權所有 翻印必究
ISBN 978-957-8544-49-9
Printed in Taiwan.
本書若有缺頁、破損、裝訂錯誤，請寄回更換。

How to Win a Nobel Prize
By Barry Marshall and Lorna Hendry,
illustrated by Bernard Caleo
copyright © 2018 by Barry Marshall
and Lorna Hendry
This edition arranged with Piccolo
Nero, an imprint of Schwartz
Publishing through Big Apple Agency,
Inc., Labuan, Malaysia
Traditional Chinese translation
copyright© 2021 by Rye Field
Publications, a division of Cite
Publishing Ltd.
All Rights Reserved.

國家圖書館出版品預行編目資料

與諾貝爾獎得主一起穿越時空的
十二堂科學課/巴里.馬歇爾(Barry
Marshall)、洛娜‧亨德利(Lorna
Hendry) 作；竹蜻蜓譯 . -- 初版 . --
臺北市：小麥田出版：英屬蓋曼群
島商家庭傳媒股份有限公司城邦分
公司發行 , 2021.03
　面；　公分 . -- (小麥田知識館；
15)
譯自：How to Win a Nobel Prize.
ISBN 978-957-8544-49-9(平裝)

1. 世界傳記 2. 諾貝爾獎 3. 科學家
4. 通俗作品

781.053　　　　109020937

城邦讀書花園
www.cite.com.tw
書店網址：www.cite.com.tw